平凡社新書
897

自民党という病

佐高信
SATAKA MAKOTO
平野貞夫
HIRANO SADAO

HA

自民党という病●目次

はじめに　佐高信……7

第一章　安倍首相を内乱予備罪で告発する……11
告発の真相／大島衆院議長、異例の所感表明／暴政に抵抗する権利
告発の裏側で／新しい民主運動／自由民権運動の基本に帰れ
教育勅語こそ日本人の自立心欠如の根本／国権と民権の視点で眺める
議会政治の原点、原敬／本物の右翼とエセ右翼を分けるもの／自民党の保守本流が死んだ
北朝鮮問題の解決が一番の抑止力／小泉進次郎は指導者の器か

第二章　自民党に巣食う病根……57
岸信介の資金づくり／CIA資金の自民党流入説／国家戦略特区は満州国方式
資金的にも岸に先祖返り／森友問題の責任／「応援演説」にきた麻生
麻生太郎は政治家として不適切／河野一郎という病根／ポッカレモン事件
河野一郎が生んだ政商・小針暦二／河野ファミリー利権／〝名議長〟河野謙三の実体
土性骨の据わっていないハト派、河野洋平

第三章　保守本流とは何か……99
椎名裁定の裏側／宏池会の会長争奪戦／保守本流のスピリット／安岡正篤というプリズム

憲法を遵守しないという病根／保守本流の責任／宮沢喜一の限界
自民党は集団的な慢性虚言症

第四章　ロッキード事件秘録……127

誰が田中角栄を葬ったのか／「クリーン三木」の正体／児玉誉士夫の証人喚問をめぐる謀略
児玉に打たれた全身麻酔／アメリカから飛んできた矢／保守本流と亜流の争い
昭和天皇の密命を受けていた前尾議長／児玉誉士夫と渡邉恒雄
政治家の金玉を握るナベツネ／中曽根政権時にあった首相案件

第五章　自民党の利権を解剖する――リクルート事件、佐川急便事件……169

国鉄の分割民営化は利権の再分配／土佐勤王党と水戸天狗党の争い
郵政の民営化は小泉・野中戦争／リクルート事件の核心はNTT
逮捕許諾が出る寸前だった中曽根／東大法学部出身の政治家は逮捕されない？
瀬島龍三への抵抗感／佐川急便事件と経世会の分裂
「自分と金丸は綺麗ごとで済まないくらい汚れている」／金丸信との縁
企業献金という病根／政治家を支える女性たち／機密費という病根
「官邸の中に北朝鮮のエージェントがいる」／社会党にも機密費は流れた
土井たか子議長誕生秘話／談合クーデターで成立した森政権／青木幹雄の嘘

懲罰動議を食らう／憲法を踏みにじっても鈍感な人々

第六章　公明党・創価学会という病……237
創価学会に強い議員が自民党を支配する／政教分離違反が継続
特高警察と創価学会の蜜月／選挙は創価学会の布教戦略の手段
創価学会と親密なのは岸・安倍一派／平野貞夫と公明党との出会い／公明党を彩る面々
市川雄一との初対面／消費税賛成で変質した公明党
消費税成立の見返りに公明党が望んだ法律／当選確実で「創価学会のおかげです」
池田名誉会長が評価した小沢・秋谷会談／「密会ビデオ問題」というアキレス腱
日本版ペコラ委員会構想／天ぷら屋美人女将事件
公明党・創価学会は権力にすり寄るしかない／神崎武法元代表のエッチ事件
自自連立は公明党を引き込むための座布団／幻の加藤政権
加藤政権が幻となってから自民党が曲がっていく

おわりに　平野貞夫……308

対談構成・高瀬康志

はじめに

佐高信

「自民党という病」を語る時に、平野貞夫さんほどの適任者はめったに見つかるものではない。

岸信介の後の首相、池田勇人の子分というより弟分だった前尾繁三郎が衆議院議長になった時の秘書となり、平野さんはいわば楽屋裏から日本の政治、なかんずく自民党の政治をつぶさに見た。見ただけでなく使者ともなって体験した。さらに、曲者政治家の園田直《すなお》が衆議院副議長になった時の秘書もやっている。それも平野さんが衆議院の事務局に勤めているとは思えない、役人離れした人間だったからだろう。要するにカタギではないのである。いわばインテリ・ヤクザで、現在は小沢一郎のブレーンとして知られている。

その平野さんが、私の質問ならぬ尋問に答えて「秘話」を赤裸々に語った。だから、この本は「自民党秘話史」と言っていいほど、とっておきの話が次々に出てくる。

現在の読売のドンのナベツネこと渡邉恒雄と日本の黒幕の児玉誉士夫との関係をはじめ、

「ここまで話していいのか」という秘話満載である。

ロッキード事件の本筋の〝主犯〟は田中角栄ではなく中曽根康弘であり、中曽根がそれを隠すために何をやったかなどは平野さんにしか見えなかった。その意味ではこの本はディープな証言の書でもある。

自民党を出た小沢一郎が自民党の小渕恵三の呼びかけに応えて、自由党と自民党の自自連立をやり、それに公明党が加わった自自公連立の後、自由党が連立から離れて自公連立となる。

その内幕については、こんなやり取りをした。平野さんはその時、経済評論家の長谷川慶太郎としばしば会ったというのである。

「小渕首相の使いの長谷川と私が連絡役でした。自由党離脱のセレモニーとして最後に党首会談をやることになります」

こう語る平野さんを私は次のように冷やかした。

「共産党を卒業した人と、共産党に入ろうとした人が会ったわけですね」

大阪大学工学部で冶金を学んだ長谷川は元共産党員で、平野さんは若き日に本気で共産党に入ろうとした人だからである。

この本の第六章は「公明党・創価学会という病」になっている。「自民党という病」を語る最後がどうしてそうなるのか。

現在、自民党の国会議員は公明党・創価学会の票の助けを借りなければ、半数以上が当選できない。だから、自民党の分析は学会の分析にならざるをえないのである。

その病歴診断にも平野さんほどの適役はいない。平野さんは公明党が政界に進出した時の〝家庭教師〟であり、〝裏国対〟と呼ばれるほど深く関わっていた。関わっていたどころか、裏の国会対策委員長として指揮していたのである。

しかし、二〇一六年五月十三日に青森で開いた佐高信政経塾で語ってもらったように、平野さんは公明党の味方から敵になった。自民党に対してもそうである。

そのあたりを平野さんは青森でこう述懐した。

「私は高知の生まれで、あまりおとなしくなくて言いたい放題やりたい放題をするものですから、衆議院の事務局にいられなくなって、平成四年、参議院議員選挙に無所属で高知の地方区から出た。その頃は自民党も非常にガタがきていて、新しい政治をしなければダメだ、しかも冷戦が終わった後で、私は自民党をどう改革するかを目標に、自民党と公明党の推薦で出た。

その頃までは、自民党と公明党も仲がよかった。その代表が小沢一郎さんであり、公明党は市川雄一さんや権藤恒夫さんだった。その間を取り持つような関係で、私も国政に出たわけです」

この本で私は十歳上の平野さんに親しすぎる口をきいているが、より深く追及するための手段として御容赦願いたい。

平野さんは『平成政治20年史』（幻冬舎新書）で、次のような興味深い指摘をしている。二〇〇六年秋に安倍晋三が初めて首相になる直前、創価学会名誉会長の池田大作を極秘に訪ねたという。訪ねたのは首相に指名される四日前だった。かつて「政教一致」問題で国会喚問もという池田を訪ね、安倍は一時間以上、熱心にメモを取りながら池田の話を拝聴したらしい。メモを取ると評価が高くなると安倍は入れ知恵されていた。だから池田は後で「安倍は真面目で、何にでも使える男だ」と感想をもらしたとか。

こうした話も平野さんは創価学会の内部から聞くのだろう。自民党および公明党の病をあますところなく語ったこの本を是非熟読していただきたい。

第一章　安倍首相を内乱予備罪で告発する

告発の真相

佐高　二〇一八（平成三〇）年九月七日、平野さんは内乱予備罪（刑法七八条）で安倍首相を告発しました。宏池会の総帥だった前尾繁三郎が衆議院議長のときの秘書をやったり、ユニークな政治家だった園田直《すなお》が副議長だったときの秘書をやったりしたために、平野さんは策士と呼ばれることがありますが、法政大学で遠山茂樹に近代史を学び、丸山眞男に傾倒したアカデミックな一面を備えています。

若き日に共産党に入党することを真剣に考えて吉田茂を怒らせ、林譲治（吉田内閣で厚生大臣、内閣官房長官を歴任）に止められて衆議院の事務局に放り込まれた平野さんの血は、八〇歳を超えたいまも熱いですね。まず、告発に及んだ経緯からうかがいたいと思います。

平野　こんなことするバカはいませんでしょう（笑）。ずっと我慢していたけど、我慢しきれなくなりましてね。

安倍政権の五年半を振り返ると、彼は自分の思いどおりの国を作るために憲法を改正する前に解釈改憲をやり、憲法の基本原則をさんざん踏みにじってきました。刑法七七条には、「国の統治機構を破壊し、（中略）憲法の定める統治の基本秩序を壊乱することを目的として暴動をした者」は内乱罪に処すとありますが、まさに安倍政権のしていることは憲法を破壊するものです。政府も官僚も安倍首相を忖度《そんたく》し、政府組織ぐるみで国民を誤った方向へ導こうとしています。

告発状では「安倍首相の破憲行為」と名づけていますが、これは少なくとも暴動の準備に当たり、内乱予備罪を構成すると考えたわけです。安倍首相に対する告発状を山口紀洋弁護士とともに最高検察庁に提出しました。同じ日に憲政記念館で元公明党副委員長の二見伸明さんも加わって記者説明会も開きました。

佐高　前々から一部メディアで告発することを言われていたわけですが、反応はいかがですか。

平野　週刊誌が何誌か取り上げた程度で、全国紙は「見ざる・言わざる・聞かざる」です。告発した日の午前八時に「今日、告発する」と私はツイートしたんですが、二日後にはそのツイートのインプレッション（表示回数）は約二〇万に上りました。反響はインターネットで現在も続いています。「平野はアルツハイマーか、はたまたコロンブスの卵か」といわれています。

森友学園をめぐる財務省の公文書改ざんにせよ、自衛隊の日報問題にせよ、このような国会を死滅させる暴挙に対して野党は何にも修復しようとしない。これは国会の国政調査権を不能にすることですよ。何の政治責任もとらない安倍首相に対して懲罰動議をかけるなり、除名するなり、あるいは政治倫理審査会で辞任に追い込むなり、政治家としての資質そのものを国会が問うべきだと私は主張しました。

ところが、共産党と自由党はわかるし、国民党もわからないわけではないが、立憲民主党が了解しない。要するに、立憲民主党は安倍首相を残した形で次の参議院選挙を迎えた方が勝ちやすいと考えている。この戦略はダメだと声高に言ったけど、なかなか聞かない。ちょうどそんなときに、鳩山由紀夫前首相と経済学者の植草一秀さんが行う市民集会に呼ばれたんです。植草さんが「厳しいことを言ってくれ」と言うものだから、私はそこでアジ演説をしたわけです。

佐高　昔を思い出して。

平野　そうそう。そこで私は、安倍首相を追い込むことは国会関連の制度ではできない。法律の専門家ではないが、一九九五（平成七）年の刑法改正に法務委員として関わっている。安倍首相が憲法の統治秩序を壊していることは明らかである。野党の中には内閣不信任案を出して安倍首相の政治責任を追及しようとする考えがあるが、当然否決されるので、かえって安倍政権に幕引きの口実を与えてしまう。内乱罪に等しい秩序破壊行為をしているという発想を共有して首相辞任に追い込まなければダメだ。

しかし、内乱罪には暴動という物理的な行為が要件となるから、これは無理だろう。この発想を共有し、連帯して闘っていこうと、六〇〇人の聴衆に呼びかけたんです。だから、最初は内乱罪などで告発するつもりはなかった。

私のアジ演説は結構ウケまして、笑いをとったりしたんですが、降壇すると、集会に参加していた某党の国対責任者が私のところへ来て、「平野さんが過激なことを言うから、国会対策がやりにくくてしょうがない」と文句を言うんです。野党の中には内乱罪コンプレックスがあると感じました。昔、これで捕まりかけた人たちがいるからね。

佐高　それはそうでしょうね。

平野　すると、横にいた年配の弁護士が「あなたの発想は司法試験を通った人には出てこない」と話しかけてきた。存じ上げない人でしたが、「素人が乱暴なことを言って申し訳ない。国民運動としてやるべきだということを申し上げたかった」と言ったら、「いや、私はあなたを軽蔑したわけじゃない。褒めたんです」と言うから、変なことを褒める人もいるんだなと思っていた。

すると翌日、私の発言を聞いていたと思われる人がツイッターで取り上げてくれた。改正前の刑法の暴動の概念は外形的・物理的暴力行為だったけど、いまは違うと。脅迫や極端な不正行為、あるいは誘導も暴動の概念に含まれるから、平野の言い分はもしかして面白いぞ、というツイッターが入ったんです。

大島衆院議長、異例の所感表明

平野　数日して、それを見た弁護士から、告発の可能性を一緒に研究してみないかと連絡が来ました。今回、共同告発人になった山口弁護士です。この人は水俣病問題に四五年間取り組んでいる弁護士で日蓮宗の僧侶です。こうしたことが立て続けに起こったので、私はかねてから知り合いだった憲法学者の小林節に会って、この問題を投げかけてみたんです。内乱罪そのものでは無理だけど、内乱予備罪か陰謀罪の構成要件に該当する可能性があることがわかり、その罪状で告発状を書けるのではないかということになったわけです。それでも私は躊躇していたんですよ。

そうしたら、大島理森《ただもり》衆院議長が民主主義の危機だと。数々の不祥事に対して安倍政権は原因を追及して改善策を考えろと、相当強い所感を表明した。大島さんの言葉が告発を決心するきっかけになりましたね。

佐高　東京新聞（二〇一八年八月一日付朝刊）が報じましたね。財務省の決裁文書改ざんや自衛隊の日報隠蔽は「民主主義の根幹を揺るがす問題だ。立法府の判断を誤らせる恐れがある」と大森議長が所感を出したと。

三権の長では衆参両院議長が上位ですが、安倍晋三は議長や最高裁判所長官より自分は上だと思っているんですよね。

平野　意識的には自分が立法府の長だと思っているかもしれない。

佐高　それが最大の間違いですよね。それに対して、大島はさすがに耐えかねて指摘したんですね。

平野　私は大島議長と縁が深いんです。海部内閣で政治改革法案を進めていたとき、彼は衆院事務局の委員部長だった私と毎日のように打ち合わせをした間柄です。私の参院選挙の応援に自民党で来てくれた人は、小沢一郎以外では大島理森と麻生太郎だけです。

佐高　大島議長があいう発言をする背景には、どんなバックボーンがあるんですかね。

平野　彼はあなたと同じ慶応出身で、福澤諭吉先生のスピリットを残しているんじゃないですか。東北、青森の怨念というか、物事に対する執念がなくてはあれほどの激怒はない。

佐高　かなりの激怒ですよね。奥羽越列藩同盟がやっぱりあるのかな。

平野　そういう潜在的なものに動かされた発言だと思いますね。

佐高　この所感表明は異例中の異例ですよね。

平野　そうです。本来は、野党が議長を突き上げることで、議長が調停に入ったり意見したりするわけです。それに自民党の良識派が乗る。ロッキード事件のときは、「三木、格好のいいことばっかり言うな」とか、「角栄、おまえはやり過ぎだろう」とガツンと声を上げたし、中曽根政権で売上税が問題になったときは、「経済が失速する」と批判する自民党議員がいたんです。その裏方の仕事は私ら事務局の人間が担当してきました。

暴政に抵抗する権利

佐高　安倍晋三を内乱予備罪で告発するという平野さんの問題提起をちょっと斜めから読むと、過去には暗殺またはその危険に晒《さら》された首相がいましたね。原敬《たかし》、犬養毅や浜口雄幸《おさち》です。安倍や麻生や取り巻き連中など国を私物化する輩に対して、政治というのは畏《い》敬《けい》すべきもの、恐るべきものであることを忘れるなという意味合いもあるように感じましたね。

平野　明治憲法下に作られた改正前の刑法にある内乱罪は、たとえば、武力で四国を独立させるというような物理的占領を防ぐことも想定されていましたが、「朝憲《ちょうけん》」という文言で明らかなように、「朝憲」は朝廷と憲法のことですから、主に天皇制を破壊する行為を防ぐために規定されていたわけです。

実は戦前の事件で、検察側が内乱罪にかけようとして結局かけなかったのが、五・一五事件なんです。なぜかというと、彼らは天皇は生かしておこうと。天皇を使って自分たちの政治をやろうということでしたから、内乱ではない。

佐高　君側の奸《かん》にすぎなかった。

平野　はい。それから、二・二六事件も天皇制を脅かしたわけではないから、内乱にはならなかった。天皇が一時、反乱軍を容認していたような向きもあったようですが、鎮圧を命じるという経緯はありましたけど。内乱罪のクラシックな理論としては、天皇制を脅かすものから守ることが念頭に置かれていたから、外形的、物理的に支配関係を変える行為や、そのための準備行為を対象にしていました。

ところが戦後、明治に制定された刑法がずっと生きていましたが、世の中は変わりました。要するに、過激派といっても限定的抵抗にすぎない。昭和三〇年代には共産党も綱領を、議会主義を中心へと変更しました。それ以来、内乱罪が機能しないわけです。

しかも、高度情報化社会の到来や科学技術の進歩によって、外形的、物理的な暴動によらなくても憲法秩序や社会関係を乱すことは可能になりました。一九九五（平成七）年の刑法改正で、意味内容を変えないことを原則として、難しい言葉やカタカナ表記を平易な日本語に直したわけですが、そのときに「内乱罪の条文は変わりました」と言っておくべきだったんです。

佐高　内乱罪だけは表記の変更に収まらず、突出したわけですね。それから、植木枝盛《えもり》が人民には「革命権」があると言いましたが、それとも関係してくる話でしょう。

平野　そういうことです。植木枝盛の時代には世界の先進的憲法の中に皆、「抵抗権」のような権利を規定していたわけですからね。暴政に対して抵抗する権利というのは、中国の古代思想にもあるし、妙見陀羅尼経《みょうけんだらにきょう》にもあるものです。刑法改正では旧刑法の「政府ヲ転覆シ」を「国の統治機構を破壊し」という文言に変えたんです。「政府」は「国の統治機構」と同義語ではないでしょう。

佐高　国の統治機構といったら、政府だけでなく、国会や裁判所と広がりますね。

平野　今上天皇は憲法感覚に優れた方ですからいいですが、可能性として政府の誘導に乗る天皇が現れることもありうる。また、日本は議院内閣制ですから、内閣と議会が対決したときには内閣のペースで議会をコントロールしたいという特段の事情が発生することは十分ありえます。そのとき、現代的な内乱が起きてもおかしくはない。しかも、議会政治には多数決の限界があります。多数決の原理で事を進めることに馴染まない日本で新しい内乱が起きては非常に危ないわけですよ。

しかも、旧刑法の「朝憲ヲ紊乱スル目的」を「憲法の定める統治の基本秩序を壊乱することを目的」に変えた。「憲法の定める統治の基本秩序」といえば、平和主義と国民主権と基本的人権です。「権力の犯罪」が多発する現在、現行の内乱罪には憲法九九条（遵守義務）の実定法としての役割があると考えます。

だから、私は五年半の安倍首相の言動を新聞で調べたわけです。堂々と憲法を冒瀆する、デモの人々を機動隊で脅かす、官僚に忖度させるなど、やりたい放題です。これはもう、内乱予備罪の構成要件に該当してしかるべきであるというのが私どもの意見なんですね。

告発の裏側で

平野　実は、私が告発をする三日前に、刑法改正時の刑事局長だった則定衛《のりさだまもる》と久しぶりに会って話をしたんです。

佐高　平野さんと則定衛は特殊な関係。

平野　昭和四〇年代後半、前尾衆院議長の秘書が私で、直前の前尾法相の秘書官が則定氏だった。ともに前尾門下生です。まず私が「検察官僚が腰を抜かすだろう、内乱予備罪で安倍首相を告発する。同僚が私を批判するだろうから、仁義を切りにきた」と挨拶。「平成七年の改正では法文の内容は変わらないと、あなたは答弁した。いま現在、どう思うか」と聞くと、「検察も裁判所も昔のままです」と答えた。それで私が「意味内容が変わったと思うので告発状を出すことにした」と伝えた。

佐高　ああ、なるほど。

平野　先方は、「平野さんは内乱罪が好きだ」と冷やかした。何を戯言をと思ったら、刑法改正審議のときにオウム真理教事件が起きて、私はオウム真理教に内乱罪をかけるべきだと言ったらしいです。すっかり忘れていたけどね。

佐高 いや、私は忘れてない。あのころ、敵対していたから（笑）。

平野 破防法や盗聴法でも対立したね。

佐高 告発に関して何か言いましたか。

平野 「最高検に持っていっても、門前払いだよ」と彼は言いましたね。しかし、これは憲法問題だから高検や地検でなくて、最高検でないと意味がないというのが山口弁護士の主張でした。

最高検に山口さんが電話したら、初めは「郵送しろ」と言われたそうですが、「ことは憲法の基本に関わることだ」と告げると、「どうぞ来てください」ということになった。

それでも私は、玄関で検察事務官が預かる程度だと思っていたんです。九月七日の午前一〇時前に行ったら、三人ぐらい検察事務官が来て、ちょっとこちらへと部屋に通されて、「一〇分ぐらいお話を聞きましょう」ということになった。山口弁護士が告発状について説明したあと、「平野先生、何か話はありませんか」と聞いてきたから、私は「特別な扱いをしてくれてありがとう。一二年間の参議院議員生活のうち、司法改革に一〇年取り組んだ」と述べたら、「お世話になりました」と言いましたよ。

佐高　向こうがね。

平野　最後に、「憲法の理念、これを生かして取り扱いを決めてくれ」「お預かりします。検討して弁護士さんに返事します」というやり取りで終わったわけです。

佐高　異例の対応ですね。

新しい民主運動

佐高　平野さんがなぜ告発したのかという理由はわかりました。もう一つ、私が感じたのは、この告発は憲法を「生きた憲法」にするという問題提起でもありますね。

平野　そうです。「安倍首相は憲法を冒瀆するな」と野党が言わないなら、個人が「首相よ、憲法を冒瀆するな」と声を上げないといけない。ここは非常に大事なところなんです。私は勉強もしてないし、頭も良くないけど、勘がいいですからね。

私はこの告発によって、日本人が明治以来の負の遺産である官僚支配の改革に立ち向かってもらいたいと思っているんです。たとえば、砂川事件の最高裁判決です。

佐高　当時の最高裁長官の田中耕太郎が統治行為論を持ち出した判決ですね。

平野　田中耕太郎長官は、国家統治の基本に関わる高度に政治性を有する問題については、一見極めて明白に違憲無効ではない限り、裁判所は司法審査の対象としないという、いわゆる統治行為論という理論を用いて、駐留米軍の存在を合憲としました。最高裁判所は一切の法令等の違憲性を審査すると憲法に書いてあるのに、政治問題だとして判断しないで逃げたわけです。

ところが、内乱罪は「憲法の定める統治の基本秩序を壊乱する目的で」と規定しています。これは統治行為そのものじゃないですか。憲法には天皇と総理大臣以下に向けて憲法を遵守せよという規定（九九条）があるけれど、罰則がない。しかし、刑法は罰則のある実定法ですからね。統治行為を判断しろと迫るものですから、この砂川判決の論理に関わってくるわけですよ。

つまり、むこうは告発状の取り扱いに対して回答しなければならないでしょう。検察は受理したら、捜査しないといけない。しかし、検察が受理せずに統治行為論を出して逃げたら、私らは「刑法の問題なのに、捜査機関が自ら捜査権を放棄するのか」と大きく批判するでしょうね。

佐高　砂川事件の第一審の伊達判決が駐留米軍を違憲としたのを受けて、田中耕太郎は渡米したんですよね。田中長官が地裁判決を取り消すことを事前にアメリカに告げていたことが明らかになっています。田中耕太郎は逃げる理屈を編み出した。

平野　そろそろ憲法は本来の姿を取り戻してもいいんじゃないか。

佐高　そのとおり。伊達秋雄は違憲判決を書いて裁判官を辞め、法政の先生になりますね。

平野　私は大学で伊達秋雄に刑事訴訟法を習いましたよ。

佐高　安保条約がらみではなくて、内乱罪だから判断を逃げられないということですね。

平野　そうそう。刑法だから。砂川判決が登場したおかげでそれ以降、違憲の法令であっても大きな政治問題がからむと、どうしても裁判所が逃げるわけですよ。

佐高　いつまで逃げているんだという話ですよね。

平野　何でこんなことを新しい憲法の中で七十数年も続けているかということが問題なんです。これは沖縄の辺野古《へのこ》基地建設問題にも通じる問題ですよ。

明治期の長州と薩摩の官僚たちは、日本人に昔からある「お上意識」にビスマルク時代のプロシア憲法の国家統治理論を加えたんです。それはプロイセンの行政学者であるオットー・マイヤーの公定力理論というもので、これを国家運営の中心にしてきたことが起因していると私は考えています。これも負の遺産の一つです。

佐高　それはどういう理論ですか。

平野　公定力理論とは、政府の統治権の無謬性、行政は悪いことはしないという理論です。国で決めたことは全部正しい。万が一、誤ったことがあれば、それは裁判所で決定するまで有効であるという理論なんです。これが明治憲法と日本国憲法を貫通した日本の官僚支配の根源なんです。帝国大学で教え込まれてきた人民を支配する根本なんです。だから、沖縄の翁長雄志《おながたけし》知事周辺にもこの公定力理論が民主政治を否定するものなので、これで国民運動を起こそうと、大学の後輩だからずいぶんアドバイスしたけど、できなかった。

彼は現場の県の権限で裁判をしたでしょう。それも大事ですが、いったん決まったことはやらなければダメだという公定力理論で政府も官僚も動いているわけですから、政府はその裁判に勝てばいいだけです。民主党政権のときもそうでしたけど、官僚が政治を牛耳っている限り、公定力理論というのは頑然と生きているんですよ。

辺野古基地建設問題の場合には、確かに政府が閣議決定で建設のゴーサインを出しましたが、何年経ってもそれが実行できないのは、過去の民意があるからです。二〇一八年九月三〇日の知事選で玉城デニー氏が当選したことでも示されましたが、沖縄県民の基地反対の民意によってその閣議決定の正当性は失われている。しかも、アメリカもグアムに基地を集約する動きがあるから、辺野古に基地を必要としないわけでしょう。辺野古の問題は長きにわたる政治家と官僚とゼネコンの利権争いですよ。

だから、公定力理論をともなった官僚支配があらゆる面で行われているという状況を反省させなければいけない。これは新しい民主運動なんです。

自由民権運動の基本に帰れ

佐高　私は以前、「平成の自由民権運動」ということを言ったことがありますが、まさに自由民権運動の基本に帰らないといけない。

平野　そう。植木枝盛に帰る。

佐高　元経企庁長官の田中秀征は衆院選挙に連続四回の落選を経て、当選してきた政治家ですが、彼は選挙区である長野一区のおばちゃんたちに「戦争を起こしてくれるな」と言われた言葉が、自分の政治家としての立ち位置になったといいます。そういう創業政治家みたいな人は民意に敏感だけど、世襲政治家は、最初の原点などというのはどこかに飛んでしまっていますよ。いま、世襲政治家は四割はいっているでしょう？

平野　両院合わせて四割いますね。

佐高　世襲政治というのは民主主義に反するでしょう。

平野　その議論になると、選ぶ側の問題が出てきますよ。

佐高　もちろん、そうですね。

平野　私の生まれ育った高知県幡多郡（現土佐清水市）は陸の孤島ですが、幕末から明治にかけて討幕運動や自由民権運動、議会開設運動の盛んなところでした。隣の宿毛《すくも》市は吉田茂元首相や吉田の又従兄弟の林譲治元衆院議長の故郷で、その父親である竹内綱や林有造は過激な民権活動家でした。また、四万十《しまんと》市の自由民権運動では土佐自由党に所属し、林有造の秘書をしていた幸徳秋水の故郷です。私の一族も明治に入って土佐自由党の運動に加わり、彼ら先人の支援をしてきました。私の親戚の中には西南戦争に絡んで弾圧されて松山刑務所に入っている者もいますからね。

佐高　西南戦争？

平野　土佐藩は議会開設運動に西南戦争を利用しようとしましたから。

佐高　ああ、そうですか。

平野　その件で竹内綱や林有造などが捕まって盛岡刑務所に投獄された。そういうドラマの続きに私がいる。そんな先人の流れを汲んでいると思うと、首相を告発するというのはおっちょこちょいかもしれませんが、根っことしては、これが終活だと思っています。この問題提起が済めば、あとはもう佐高さんに任せておけばいいと思って（笑）。

佐高　いえいえ。亡くなった翁長さんの最後の本になったのが『戦う民意』でしたけれども、黙っていては民主主義は機能しない。「権利の上に眠る者は法律の保護に値しない」という有名な法律学の言葉があるでしょう。それをどこかで言ったら、ある弁護士に「それは要求しすぎだ」と怒られましたが、でも、それは基本ですよね。安倍を許しているものというのは「戦わない民意」ですよ。

平野　そのとおりです。世襲政治家を否定すればいろいろ弊害が出るでしょうけど、世襲政治家と同様に問題なのが東京大学信仰ですよ。いまだに、東大に入った人間は皆、立派で指導者になると民衆が思い込んでいるでしょう。典型的なのは、共産党のトップと創価学会の会長です。どちらも東大出身です。日本人には理性的にものを見られない部分があるんです。

佐高　権威に頼るというか、判断を預けてしまう。

平野　そうそう。

教育勅語こそ日本人の自立心欠如の根本

佐高　先ほど平野さんは行政の無謬性が国家運営の中心にあるという話をされましたが、刑法には尊属殺人罪というのもありましたね。親殺しが特に重罰になるという規定です。これも本当は憲法に合わないのに一九七三（昭和四八）年まで生きていたんですよね。

平野　憲法の平等原則に合わないですよ。法律に限らず、まだ日本にはそういうものがずいぶん残っているんです。

佐高　日本国憲法になって削除されたかと思ったら違うんですね。一九七三年ということは戦後二八年も経って、最高裁の判例で尊属殺人罪は憲法違反であるとされた。

それを私は森友学園の籠池泰典《かごいけやすのり》理事長が自身の幼稚園で教育勅語を暗唱させていることや、親を尊重するのは当然だと発言していることに対する反論として使ったのですが、親殺しというのは、よほどの事情があるからなんですね。その最高裁判例の事案は、父親が継続して娘を犯していたわけです。そのうち、娘にいい人ができて結婚することになり、父親が邪魔になって殺してしまった。よほどひどい親でなければ親殺しなんて起きないわけですよ。教育勅語は天皇を神格化するもので、国民は陛下の赤子であると教育しましたね。そして、尊属殺人罪は殺人罪より罪を重く規定した。つまり、天皇と親をだぶらせているわけですね。とりわけ大事にしろと。

平野　尊属殺人が日本国憲法になって一番最初に問題になったんです。

佐高　日本だけ。世界に類例がない規定だった。

平野　教育勅語も戦後すぐに国際的に問題になり、一九四八（昭和二三）年に衆参両院で教育勅語の排除・失効等の決議が全会一致で行われています。それにもかかわらず、安倍政権は閣議決定して、憲法や教育基本法に反しない部分は教材として使用することはできるという趣旨の回答をしました。

第四次安倍内閣で入閣した柴山昌彦文科大臣が、この話を再生した。戦前の怖ろしい時代を知らない。「教育勅語の排除国会決議」の再確認決議をするべきです。

　教育勅語を復活させようとしている人々も、教育勅語が憲法に違反するものであることを認識していない。出来の悪い政治家が認識してやっている。

　戦時中、私が国民学校三年生のときでしたが、苦い思い出があります。三年生で修身の授業が始まりました。教育勅語を暗唱し、教師が「勉強は誰のためにするのですか」とクラス全員に問いかけた。私が最初に手を挙げて、「自分のためです」と大声で答えると、教師は「間違いです。教育勅語がわかっていません」と叱られました。

　次に挙手した生徒が「天皇陛下のために勉強をします」と答えたところ、教師は「そのとおりです。よく答えました」と褒め、「平野君、わかりましたか」と言う。どう考えても教育勅語にそんな意味はないと思い、「わかりません」と答えたら、教師はカンカンになって怒った。「校医のお父さんが、今日は種痘の接種で来校されているから、お父さんに教えてもらってきなさい」ということで、父親に聞いたけど、笑うばかりで答えてくれない。仕方なく教室に帰ると、教師が「わかったでしょう」と念を押すので、「わかりません」と言うと、また教師は激怒して廊下に立たされた。

佐高　戦前は学校の先生や警察官が威張っていましたからね。

平野　教育勅語は儒教や仏教、キリスト教などの徳目を引用して人類普遍の道徳を装っていますが、真の狙いは「戦争などいったん緩急ある場合は個人の思想や自由、生命を犠牲にして天皇のために尽す」ことです。

教育勅語が日本人からどれほど自立心と責任感を奪ってきたか。私は教育勅語こそが日本人の自立心と責任感欠如の原因だと考えています。

日本に議会政治が定着していないのはなぜかについて小沢一郎と議論したとき、日本人論に話が及びました。戦前は軍部の独走を仕方がないと従属し、戦後はアメリカの言うことだから仕方ないと思い、対等であるべきなのに従属している。この日本人の習性を改革していかないとどうしようもないという話になりましたよ。官僚は官僚で、天皇の代わりにアメリカを大明神に奉っているわけです。

佐高　高名な歌人で早稲田大学教授であった会津八一という人がいましたね。彼は早稲田高等学院でも教頭として教鞭をとっていたのですが、戦前の修身の時間に教科書を開かず、ウィリアム・テルの話や奈良の仏像の話をしたというんです。

あるとき、級長が「なぜ修身の講義をしないのか」と抗議した。これに対して会津は級長に「修身とは何かを知っているか」と尋ねた。級長が当然のごとく、「身を修める学科で、天皇に忠義を尽し、親に孝行する、人の歩かなければならない正しい道を修めるものです」と答えると、大馬鹿者とすごい剣幕で叱ってその子を退校処分にした。間もなく、その級長は復学するんですが、会津から手紙をもらって好きになったというんですね。そこには、「修身を教えられるのは神様か仏様たちだけである」と書かれていた。当時、こういう教師がいたというのは珍しいですよね。

それから、教育勅語が日本人の自立心を奪ったと言われたけど、まさしくそのとおりで、生まれながらに上の身分を認める考えは、生まれながらに下の身分があるとする思想に直結するものです。上の身分を認めることで安住する人は、それがなくなれば生きていけないのかということになります。

平野　奇しくも考えが一致していたわけね。

佐高　安倍は戦前の時代に戻ろうとしていますね。この間、私がやっている佐高政治塾で西郷隆盛に関連して明治維新のことをしゃべったんです。明治維新というのは、端的にいえば王政復古でしょう。朝廷の名を借りて昔に返すという話ですね。

平野　そのとおり。

佐高　それを安倍は良しとする。私は少し柔らかくしゃべろうと思ったので、安倍のやろうとしていることは、「勘太郎月夜唄」だと言ったんですよ。

平野　小畑実の大流行歌。去年、講演先の伊那でその歌を歌ったら、地元の人から三〇年ぶりに聞いたと言われた。

佐高　「菊は栄える葵は枯れる〜」っていうの。菊が天皇で、葵が徳川。つまり、明治維新は徳川が枯れただけで、菊と葵の交替にすぎないのだと。どちらも国家主義であることに変わりはない。

平野　私の大好きな歌ですよ。

佐高　そうですか。平野さんと同い年の筑紫哲也が亡くなったときに、石川さゆりが枕元で「勘太郎月夜唄」を歌ったそうです。

平野　ほう。私の実家は医者で、幼いころは流行歌のレコードがたくさんあった。不破哲三の父親で教育評論家の上田庄三郎が東京から帰郷すると、うちで宴会をやる。私のところのお手伝いさんが雨合羽に三度笠をかぶって踊りを舞ったんです。

佐高　へえ。

平野　ちゃんと家にあったんです。

佐高　戦争中はそんな簡単に流行歌なんて歌えないですからね。「湖畔の宿」が士気を高揚しないという理由で歌うことを禁止されるんだから。

平野　高峰三枝子。あの歌もいい歌でしたよね。

国権と民権の視点で眺める

佐高　これからは死刑も問題になるでしょうね。

平野　死刑も憲法違反じゃないかという議論があります。オウム真理教事件の首謀者らがいっぺんに死刑になったでしょう。死刑制度全部ではなくて、政策的大量に死刑にすることは憲法違反ではないかという議論がありますよ。

佐高　最近、『国権と民権』（集英社新書）という対談本を出したんですが、自民党の中も、尊属殺人はおかしいとか、死刑はおかしいとか、いろいろ割れているわけですね。図式的にいうと、国権派と民権派が自民党の中にいるということです。これは主権の所在が国家にあるか、国民にあるかという対立のことですけど、平野さんの告発を国権派の人たちは理解できないでしょうね。

内乱罪というのは、国に対して反乱するのが内乱罪だろうと。国側である俺たちが内乱罪とはどういうことだと。自分たちに物申すやつらは不逞の輩だと考えているから、オウムの首謀者を死刑にした日の夜に、法相の上川陽子は安倍と一緒に平気で「赤坂自民亭」で飲めるわけですよ。国権一辺倒だからわからない。

亀井静香（元政調会長）という人がいるでしょう。「晴れときどき曇り」みたいな「ときどき民権」という人。彼は死刑廃止議員連盟の会長でしたが、法務大臣の森山眞弓が死刑にサインをしたときに、森山に電話したというんですね。「おまえ、死刑というものはどういうものか、現場に立ち会え」と言ったんだそうです。これは真っ当な指摘です。

平野　ちょっと亀井さんについてコメントしたい。いま、彼は死刑廃止論者として立派にやっていますが、なぜ彼が死刑廃止論者になったかというと、政治的動機があったと私は思う。亀井は警察官僚だから警察に強いけど、法務検察は縁が少なかったんです。許永中関係の問題があって、そのとき彼から検察に相談してくれという話があった。

佐高　ところが、亀井が危なくなった。

平野　いや、友人の中尾栄一衆院議員のことだった。のちに検事総長になった原田明夫に私が相談した。そんなことから亀井も検察に対する抑止力のため、死刑廃止論になったと私は推測していた。

佐高　そうなんですか。結構、急ごしらえだったわけですね。

平野　政治家とはそういうものなんです。だけど、だんだん本物の死刑廃止論者になってきたので、いいことですよ。世の中はそれを怒っちゃダメです。

佐高　それはそうです。

平野　私らのようにいつも転向している人間はね。

佐高　いや、平野さんがそうだとは言わないですよ。平野さんは大変な目に遭ったけど、亀井と野中広務（元副総理）は自社さ政権のハトを守るタカであったわけですからね。

議会政治の原点、原敬

佐高　以前、私が『平民宰相 原敬伝説』を書いた関係で、岩手日報の記者から原敬についての取材を受けたんですが、小沢一郎は原敬を尊敬しているでしょう。

平野　特別に敬愛していて、写真も飾っています。原敬の子孫が京都にいるそうですね。

佐高　そう。お寺でしょう。本の宣伝を兼ねて、そこで講演しましたよ。

平野　私も衆院事務局にいるときに原敬の研究をしました。原敬の時代にいまの議会の基礎を作っているんです。私が秘書をしていた前尾繁三郎（元衆院議長）が原敬の基礎資料を持っていたんです。

私が原敬を研究して発見したと思うことに、日本政治の近代化における誤訳の問題があります。原敬は political party（ポリティカル・パーティー）を「政党」と訳したことをすごく嫌がっていたんです。日本語で「党」というと、「徒党」や「悪党」など悪いイメージがある。だから、最初に作った政党の名前は愛国公党なんです。

佐高　パブリックの存在ということですね。

平野　そうです。最初の議会開設運動をやったのが愛国公党です。すぐに自由党と名前が変わりますけど、この自由党が中心になって政友会を作るときに、原敬が大阪毎日新聞の社長で政友会結成のコーディネーターなんです。当面、名前をどうするかということで議論があったときに、原敬が党という言葉を使いたくないということで「政友会」になるんです。

佐高　なるほどね。

平野　そのやり取りをした原敬自筆の手紙を前尾さんが持っていたんです。

佐高　いや、いまの話は安倍親戚優先政治、自民党の病に対する処方箋ですよ。公を重んじるからこそ、万機公論に決すわけですよね。

平野　日本の政治がおかしいのは、政治用語の誤訳が多いことも多少起因しています。

佐高　そうでしょうね。

平野　それから、democracy（デモクラシー）を「民主主義」と訳したことも間違いです。「民主」という言葉は、中国の古典では democracy の反対で、主のための民なんです。

佐高　臣民、家来。

平野　だから、「民主」というのは、民が中心ではなく、民は主のために犠牲になれという意味です。それを democracy の訳語にしてしまった。

そのほかには、communism（コミュニズム）を「共産主義」と訳したのも誤訳です。「最大の誤訳である」と歴史学者の網野善彦が言っています。

共産党結成のとき、天皇制の廃止と私有財産の廃止を掲げたので、治安維持法ができるわけですが、現在の共産党は天皇制も資本主義も認めていますから、「共産党」という名前を残す根拠がなくなっているんです。

communism をなぜ「共産主義」と訳したかというと、「共」というのは共同、平等という意味で、「産」というのは私有財産にこだわってつけたみたいですね。communism の本来の意味は「共和」「共同」「共生」という意味なんです。

佐高　共に生きるですか。

平野　共産党という党名を変えるべきだと書いたら、すでに昭和四〇年代に当時の宮本議長が「あれは誤訳だった」と言ったことがあるという話をある人から聞きました。元議長の不破哲三もそのことを知っているはずですよ。

佐高　私が原敬を書こうと思ったのは、久野収という私の師匠の言葉があったからなんです。久野は、

「状況に支配されるのではなく、状況を支配しようと試みた政治家は、ほとんど例外なく政治的暗殺にあっている。思想をもった政治家らしい政治家は、ほとんどすべて襲撃を受けた」

と指摘し、原がいたから軍部によるファシズムにある程度の歯止めが利いていたという

見方をしていました。そして、

「殺人者は原敬を殺すことによって、約十年のちにはじまる満州事変以後の軍部独走の戦争へのコースを切りひらいたのである」

と結んでいます。状況を変えよう、改革しようとする思想を持つ者は狙われるというのは、まさしくそのとおりだと思ったんです。

私が原に一目置くのは、その成熟度ですね。彼が署名入りで書いた『官民相対スルノ道ヲ論ズ』という記事には、反逆を企てる者がすべて「無頼の兇徒」ではない、官と民は理だけをもって交わるのではなく、理の間に情を入れ、情の間に理を入れて交接すべきであると書いています。これを大逆事件の起こる三〇年前の二四歳のときに書いている。

また、原敬が見事に喝破しているのは、「議会政治の発展を妨げるものは軍部と検察だ」と言っていることです。同じ岩手出身ということもあるし、このことを小沢は知っていると思うんですね。

平野 知っています。

佐高 軍部と検察の横暴を警戒していた。

平野 小沢の政治改革のモデルの一つは原敬の思想にあるんです。なぜ私が原敬を勉強したかというと、あの時代に日本が本当に近代資本主義国になるからなんです。教育制度や鉄道などのインフラが整備され、議会改革が行われました。彼の議会改革というのは徹底していました。イギリスの議会を導入し、原敬が議長の権限を確立するんです。原敬内閣のときに衆議院議長だった奥繁三郎が、いまも生きている議会の慣行を作っていくわけですよ。

佐高　原の側近。

平野　そう。衆院議長として何をしたかを調べたことがあります。それには、原敬のデモクラシー、あるいは議会民主主義に対する認識を知らないとできない。そのときに一番面白かったのは歴史家の服部之総《しそう》の原敬論と、原敬の日記です。

佐高　『明治の政治家たち　原敬につらなる人々』ですね。

平野　原敬の一番の勘どころは、軍部と検察をコントロールするためには、政権が交代しなければいけないというところです。すぐ政治が行政に取り込められるというわけです。

佐高　なるほど、その二つを通じてね。

「民主の主の字を解剖すれば、王の頭に釘を打つ」とは中江兆民の言葉ですが、これが民主主義の基本なんですよね。そこが官僚政治によって崩されてきた。

平野　民主主義の根幹は政権交代だという姿勢を貫いていたのは、歴代の総理で戦前では原敬、戦後では吉田茂なんです。

新憲法が施行されると、片山内閣と芦田内閣が成立しては倒れて、吉田が多数をとって第二次吉田内閣ができるでしょう。そのときに第二党が民主党で、第三党が社会党でしたが、ある講演で吉田茂が面白いことを言った。「これからは社会党を教育して、イギリスのように政権交代、いわゆる保守・革新の政権交代をする仕組みにしなければいかん」という演説をぶったんです。それを聞いていた社会党は「吉田にそんなことは言われたくない」と怒りますが、さらに怒ったのが民主党です。「第二党の自分らを無視して、社会党を教育して政権交代は自由党と社会党がやるというのか」とカンカンに怒ったというエピソードがありますよ。小沢も私も原敬や吉田の影響を受けているんです。

本物の右翼とエセ右翼を分けるもの

佐高　私は『西郷隆盛伝説』を書いたときに思ったんですけれども、国権と民権という視点で見ると、西郷隆盛は割り切れませんよね。明治維新の立役者であり、西郷が愛国者であることに反対する人はいませんが、明治政府の反逆者だから靖国神社には英霊として祀られていない。右翼思想の中にも清流があると思うんです。本物の右翼というのは、日本が植民地とした各地の民族独立運動を助けますね。

平野　助けます。

佐高　その典型的な一人が、穂積五一です。孫文を助けた宮崎滔天《とうてん》や、革命運動に挺身して身の危険を感じ、日本に亡命してきた郭沫若の生活の面倒を見た松永安左ヱ門と同じ系譜の人です。穂積五一はアジア学生文化協会やアジア文化会館を運営して、アジア、アフリカ、南米の国々からの留学生や研修生の受け入れに貢献し、アジア留学生の父と呼ばれました。穂積の弟の穂積七郎は社会党最左派だったけど、穂積は国家主義者で、東京帝国大学法学部で憲法学の上杉愼吉の弟子なんです。

だから、同じく上杉愼吉の弟子だった岸信介とは兄弟分みたいな関係になります。ところが、岸と決定的に違うのは、穂積は民族独立運動の人たちを、現地の人を本気で助けるわけです。岸は本気でやる気はない。大日本帝国の侵略に利用するだけ。だから、最後はそれを弾圧しますよね。穂積は戦争中に、反東条（英機）を掲げた朝鮮や台湾の独立運動を助けたかどで、何度も投獄されています。

穂積が身の危険を顧みず、アジアの人々のために尽くす例には驚くべき例がありますよ。李承晩政権の内務大臣の張璟根が、李政権の崩壊後、ひそかに日本に逃れてきたんです。彼が権勢をふるっていたころに群がってきた日本人を頼ってきたわけです。しかし、そうした日本人は張を見向きもしない。それで、穂積の戦前からの友人である朝鮮人が、穂積に身元保証人になってくれるよう頼んだ。穂積は張に一面識もない。しかし、即座にそれを引き受けたんです。「あなたが李承晩政権の内相としてやられたことは容認しないが、日本人が誰一人、救いの手を伸べないのはあまりに恥ずかしい」というのが、穂積の助ける理由でした。過去に日本のやったことを考えれば、という思いが穂積の胸底にはあったんだと思います。

平野　そうでしょうね。

佐高　穂積の思想と行動でわかるのは、国権の中に民権的感覚を持った人でないと連帯はできないということです。それは国家主義から出発して脱け出たからだと思うんです。

平野　右翼もひとからげにできないですからね。右翼の中にも人間中心主義者がいて、その典型が玄洋社の頭山満です。私は好きな右翼ですよ。

佐高　玄洋社は福岡に拠点があった。

平野　ところが、関門海峡を渡ると、悪い右翼が出てくる。それのルーツが吉田松陰なんです。吉田松陰はよろしくない。

佐高　高杉晋作と違う？

平野　違う。高杉と比べて吉田は単純な国家主義者です。

頭山満の系列の右翼が孫文を助けるとか、アジアの開放を援助した。その流れを汲むのが東方会です。

佐高　中野正剛。

平野　そう。中野正剛の影響を受けた連中が東北に行く。山形の木村武雄（元衆院議員）とか。

佐高　木村は米沢出身。戦前には石原莞爾と結びついた。佐藤栄作の子分なのに、真っ先に田中（角栄）擁立に動いた人。

平野　私は精神的文化的に九州の右翼とつながっている気がするんです。というのも、土佐には古い勤皇派の流れがあり、これが右翼なんです。

佐高　土佐勤皇党とは違う？

平野　土佐右翼党の古いやつ。思想的には右翼的アナーキズムで、天誅事件を起こした連中です。坂本龍馬より先に脱藩した吉村虎太郎がいました。

佐高　天誅組。

平野　人間を中心に考える右翼というのは、神道的にいうと古神道です。国権派が国家神道になる。

佐高　だから、国家神道が廃仏毀釈をやりますね。それこそ伝統を壊し、仏像を壊し、寺をなくして神道にした。これは天皇を現人神とする国家神道による軍国主義の地ならしの一つです。だから、廃仏毀釈というものをもっと徹底的に洗ってみないといけないですよ。

平野　民衆の心にある妙見星信仰まで破壊していきましたね。

佐高　石原莞爾の話をすると、岸信介は東条英機内閣の商工大臣で、ずっと東条とつながっていたけれど、最後は東条まで利用して自分だけ助かった。石原は最初は東条と密接だったが、途中で決定的に対立することになるわけでしょう。

そういう対立の節目のところで国権と民権というのが顔を出してくるわけですね。昔の自民党の中にはまともな右翼の流れはあったけれども、いまは完全になくなった。つまり、自民党は、民権というか民衆を切り捨てていって、いまの姿がある。

平野　戦前は何といっても政友会と改進党の対立です。大衆党ができたのは昭和になってですからね。政友会の中にも改進党の中にも国権派と民権派がいる。戦後もその離合集散が続くわけです。ただ、戦後政治の中で、ごろつき右翼、国の税金を食いつぶす右翼、天皇を利用する右翼を一番嫌って排除したのは吉田茂なんです。自分がやられているから。特に吉田が嫌ったのは児玉誉士夫なんです。

佐高　ああ、なるほど。

平野　児玉が戦後の右翼の中心になるでしょう。渡邉恒雄読売新聞社長や中曽根康弘元首相などと結託していった。

佐高　もともと児玉は力道山のバックにいた大野伴睦とつるんでいた。

平野　そのとおり。中曽根元首相よりも児玉を分析しなければいけないでしょうね。なぜかというと、「大野伴睦や河野一郎は国を売る男だ」と林譲治（元衆院議長）に徹底的に聞かされていましたからね。それにからむ人間も政治を危うくすると。林譲治、大野伴睦、益谷秀次というのは吉田御三家といわれ、吉田茂の側近中の側近でした。しかも、林と大野は鳩山一郎の書生のときからのつき合いだから、林は大野のことを隅から隅まで知っているんです。岸信介は安保条約を成立させるために自分の後継者を決める盟約書を作りますね。「俺の次は大野、大野の次は河野に譲るから安保条約の成立に協力しろ」というこのアレンジを児玉誉士夫がやるわけですからね。

佐高　そう。でも、それは空手形だった。

自民党の保守本流が死んだ

佐高　さて、今回の自民党総裁選（二〇一八年九月二〇日投開票）では、予想どおり安倍首相が連続三選を果たしました。平野さんは自民党総裁選をどう見ましたか。

平野　私は今度の総裁選に期待したことが一つありました。安倍首相は九条二項を残して三項を追加し、自衛隊を明記するという立場ですが、総裁選の話が本格化したころ、岸田文雄政調会長が宏池会の会合で、「九条をいますぐ改正することは考えない」と発言したんですよ。宏池会はもともと九条遵守の立場ですから、宏池会として岸田が出て勝負をかけたら、たとえば二位三位の連合で安倍首相に勝てる可能性があるということで、前宏池会長の古賀誠（元自民党幹事長）が動き、岸田本人もその気になっていた時期がありました。

佐高　ほう。そんな発言があった。

平野　これは久しぶりに自民党結党時から抱え続けている憲法問題で総裁選が行われると期待したんです。自民党の再生に役立つに違いないと思った。ところが、禅譲を期待したのか、岸田は安倍支持に回った。私はこれで宏池会は完全に消えたと思いましたね。

佐高　古賀誠は立たせたかったけれども、岸田が折れた。

平野　ええ。古賀さんが青木幹雄元自民党参院議員会長に話をして、青木さんが竹下派を岸田支持でまとめようとしたわけですが、岸田が立候補を断念したので、青木さんが困った。どうにもならなくなって、竹下派の票を衆院と参院で分けることにした。参院竹下派を束ねる吉田博美参院議員は昔、金丸信（元副総理）の秘書をやっていた男ですが、あれは安倍首相べったりらしいね。

佐高　確か、長州の出身。

平野　ルーツがそうらしいね。甲州と長州が一緒に組むと相当悪いということは、小佐野賢治と岸信介が一緒になったようなものですよ（笑）。

佐高　でも、結局は皆、安倍になびく。

平野　ポストをはずされたらたまらないということです。小選挙区制が原因だと盛んに言う人がいるけれど、それは間違っています。政治家の資質と見識の問題ですよ。

佐高　どういう意味？

平野　小選挙区で政権交代の選択を、比例区で民意を反映させる役割をバランスよく調整すれば適切な制度です。重複立候補を認めていることが良くない。

佐高　そこはちょっと私の意見と違いますけど。

平野　遊んでいても当選するような中選挙区制ではダメですよ。無責任な政治家をつくることになる。自社五五年体制がそれでした。

佐高　平野さん、それは政治家の質をかなり望みすぎではないですか。いまはそうでないのしか政治家になれないんだから。

平野　社会の風潮もあるけどね。

佐高　小選挙区制は少数派の声が反映されにくい制度だと私は思いますよ。

平野　そんなことを言うけど、有権者の約五〇％が棄権しているんですよ。

佐高　それはそう。

平野　与党の得票は総投票数の約四〇％でしょう。野党の合計得票も同程度で拮抗しているんですよ。だから、四の五の言わずに野党が結束すれば政権をとれるんです。憲法観を共有しなければとか、安全保障観を共有していないからダメだなどということでなく、戦争する国にならないで一致すればいい。私は自由党だったけど、小沢一郎と憲法観も安全保障観もまったく同じではありません。

佐高　自民党は安倍の一枚岩のように見えて、憲法観はそれぞれ違っている。だから、向こうは緩やかで、攻める方が厳しいという。でも、自民党の中も、ものを言えなくなっていますよね。

平野　結局、議会制の政党政治というのは、一つの党が良くなれば、他の党も良くなるはずなんですよ。悪貨が良貨を駆逐している状況が、いまの現状なんです。それは政治家としての意識の問題でもあります。右も左も、与党も野党も、議会民主制を正しく機能させようという意識がない。議会を正常化することなんかどうでもいい。自分のポジションを維持すればいいという意識でしょう。

佐高　自分の欲だけ。

平野　だから、そんな人間を当選させないようにしないといけない。結局は有権者にはね返ってくるんです。今回、私は安倍首相を告発しましたが、憲法の基本原則は決して抽象的なものではないんだということを、皆さんに広めたかったんです。憲法はみんなが幸福に、仲良く生きていくための道具なんですよ。道具が壊れたら、直さないといかんでしょう。

佐高　つまり、政治とは誰のためのものなのかということですね。田中秀征が『自民党本流と保守本流』という本を出しました。田中いわく、保守本流は石橋湛山から始まる系列で、それが結構いい線まで行っていたけれども、加藤の乱あたりからおかしくなり、小泉純一郎が登場する。岸信介に始まる国権派がいまの自民党本流になってしまったという話です。宏池会の岸田文雄が中折れして、田中派だった石破が負けたということは、平野さんが宏池会は消えたと言われたけど、それを田中流にいうと保守本流が死んだんですね。

平野　そういうことですが、「さきがけ」の田中さんを保守本流といえるかどうか問題です。

北朝鮮問題の解決が一番の抑止力

佐高　総裁選で石破茂の得票は三〇%を超えましたね。これについてはいかがですか。

平野　石破はいい負け方をしたと思いますよ。善戦した。

佐高　平野さんが告発した意味を、石破はわかりますか。

平野　わかると思います。私は石破と中谷元《げん》元防衛大臣の師匠なんです。「昔、平野さんに指導を受けた。また指導してもらいたい」と石破は言っているそうだけど、私は彼の安全保障論が根本的に間違っているし、緊急事態条項も不要だと返しているんですよ。

佐高　石破に？

平野　そう。石破の良さは真面目さにあるんだけど、それだけでは政治をやっていけないからね。

佐高　石破は九条二項削除して再軍備するという立場ですね。

平野　そうですよ。だから、私と議論したことと違うだろうと。中谷元は防衛庁に言われて考えを変えたと言いましたけどね。この間、「イージス・アショア」の導入を決めたでしょう。石破と中谷は抑止力のために必要だという。私は彼らの抑止力論は危ないと思います。

佐高　そう。危ない。

平野　陸上に「イージス・アショア」を作ったら、海上でないからそこを狙われますよ。

佐高　原発と同じ。

平野　抑止力を考えるなら、北朝鮮問題をどんなことがあっても上手に解決すること。それが一番の抑止力になりますよ。その発想は、いまの彼らには無理ですね。

佐高　いまのところは不肖の弟子ということですね。

平野　ただ、彼らが自民党の中で憲法九条を上手に使っていこうという勢力にまとまるなら、こちら側に引き入れることも可能だと思っています。

佐高　二〇一九年は参院選がありますね。前回の参院選では自民党がとりすぎているから、次回はきっと下がるんでしょう。石破がいい負け方をしたとすれば、自民党の中で動きが出てくるかもしれない。

平野　そのとおりです。野党が共闘していけば、参議院選挙は勝てますよ。ですから、憲法観や安全保障観に関わらず、戦争をやめて、核をやめて、原発をやめて、命と暮らしを守る政治を作るという大義名分でいいんですよ。

佐高　つまり、竹下登の右腕だった青木幹雄が石破支持に動いたことは、自民党の中で本当に消えかかっている火をつけ直したという意味がある。次の参院選はチャンスですね。

平野　最後の一灯が残った可能性は十分ありますよ。

小泉進次郎は指導者の器か

平野　小泉進次郎衆院議員についてひと言、いいですか。世の中、不思議なことが起こるものですね。自民党の総裁選のことで何かしゃべってくれということで、ＢＳフジの「プライムニュース」（二〇一八年八月八日放送）に出演したんです。ゲストは政治ジャーナリストの田崎史郎と内閣官房参与の飯島勲と私。

その番組のテーマの中に、総裁選で安倍首相が勝つという前提で、勝った安倍首相の背負う十字架は何かというテーマがありました。ところが、司会者がそれを飛ばそうとしたので、ちょっと待てと。「そのテーマで私は言いたいことがあるから、飛ばさないでくれよ」と割って入ったんです。大島衆院議長は、安倍政権のやり方は議院内閣制における国会と政府の信頼関係を失わせる、民主主義の根幹を揺るがす事態だと、異例の声明を出している。彼の危惧は正しいと思うから、私は安倍首相を内乱予備罪で告発すると、そこで決意表明をしたわけです。

番組の雰囲気は悪くなったけど、すぐに小泉進次郎の話に切り替わった。そこで、田崎は「進次郎はいずれトップになるだろう」と言った。それに対して私はこう言ったんです。「あくまでインスピレーションにすぎないが、彼は自民党のトップになる可能性はある。そのときには自民党という名前ではないだろう。自民党でつぶされるか、自民党を変えるか。そういう役割を彼は持っていると感じる。彼はアメリカでそういう教育を受けていると聞いている」と。

飯島は親父の小泉純一郎とは仲が悪いが、息子の進次郎とはいいらしい。「進次郎が政権をとるときは、自民党もつぶれ、野党も変わり、まったく新しい政党の再編があるだろう」と言いましたよ。彼はそういう直感的な、論理を超えたものの見方ができるからね。

進次郎さんはジョージ・パッカード（米日財団理事長）の影響を受けていると聞いています。オーソドックスなアメリカの草の根デモクラシーの立場の人らしい。

佐高　民主党政権のころ、進次郎と飛行機でたまたま一緒になったことがあります。それが初対面だったのですが、「先生、また今日は自民党の悪口の講演ですか」とか言われて、「いやいや、最近は民主党の悪口も言うよ」と返事した。感触のいい男ですよね。

ただ、気になるのは、自民党の中の宏池会的な流れに触れていないところです。小泉純一郎はもともと福田派で大蔵族です。育った政治環境の狭さが進次郎にあると思うんです。

平野　「宏池会的な流れ」とおっしゃった部分を私流に解釈すれば、思想の遊びというか、思想の幅がかつての宏池会にはありましたね。清和会の流れにはない。

佐高　ない、ない。

平野　その思想の遊びというのが、政治家の肥やしなんです。

佐高　極端なことを言えば、敵対者に学ぶということ、あるいは異端を認める言論の自由みたいなものの大事さにどれだけ気づいているかということでしょう。清和会の人というのは、ものすごく薄っぺらですよね。たとえば、小泉純一郎が靖国参拝をする。批判されると、「参拝して何が悪いんだ」と言っておしまい。理論的な説明も何もない。演説のつかみとか、言い切りがウケるのは親父と一緒ですが、進次郎にその深みが生まれるかどうか。たとえば、親子そろって貧富の差が拡大していることに対する目配りはないですよね。

平野　それはないね。

佐高　純一郎で無理なのだから、進次郎はもっと無理ですよ。そのあたりが危惧するところですね。

第二章　自民党に巣食う病根

岸信介の資金づくり

佐高　安倍晋三の話題に入る前に、最近、安倍昭恵について私が面白く聞いた話がありま す。昭恵というのは、聖心女子大学附属の小学校から入って大学に行けずに、聖心の専門学校に進んだという珍しい経歴の持ち主です。黙っていてもエスカレータ式に大学まで上がれるのにそうでなかったのは、よほど素行が悪かったのでしょうね。聖心の専門学校に進まざるを得なかったので、すごい学歴コンプレックスがあるらしい。だから、森友学園の名誉校長や加計学園の御影《みかげ》インターナショナルこども園の名誉園長になることをすごく喜んだというんです。わざわざ友達に、「私、今度名誉校長になったのよ」と言ったという。学歴コンプレックスの裏返しとして彼女には名誉欲が強いという話が一つ。

もう一つは、晋三の父、安倍晋太郎（元外務大臣）という人は岳父の岸信介（元首相）とは違い、金集めはそんなにうまくなかった。昭恵が晋三と結婚した後、昭恵の実家である森永製菓から晋太郎の選挙費用や政治資金がかなり出たというんですね。だから、昭恵が奔放にふるまっても、岸信介の娘で晋太郎の妻である安倍洋子も、もちろん晋三も、そう強くは出られないんだという解説をしてくれた人がいるんですよ。確かに考えてみれば、安倍洋子の性格だったらもっと激しく昭恵に当たっていてもおかしくはない。

基本的に昭恵は野放し状態といってもいいですよね。何回かの選挙は昭恵を通じて森永製菓から出た金で、かなり大きい額だという話をしてくれた人がいるんですよ。そのへんはいかがですか。

平野　私はその可能性はあると思います。それはなぜかというと、岸信介の政治思想や政治活動の系列と、安倍晋太郎の系列は違うんですよ。

佐高　父方の祖父である安倍寛《かん》（元衆院議員）の系列と、母方の祖父である岸信介の系列があるということですね。

平野　そうです。いわゆる岸信介の政治資金のシステムというのは、安倍寛の方には流れない。岸信介の資金作りを見ると、大きく三つの時代がありますね。満州国時代の資金、戦後に復活するときのＣＩＡの資金、そして、インドネシア賠償問題など賠償金のキックバックです。これで岸家の資金を作っていきました。

おそらく、誰か岸系列の血を持つ人がいつでも政治活動を行えるような仕組みというものを、ずっと用意している。そういう政治資金のシステムがあると思います。なぜ私がそんなことを言うかというと、実際に経験したことがあるからです。一九七四（昭和四九）年、前尾繁三郎衆院議長の秘書をしているころ、当時の皇太子ご夫妻のネパール訪問行事を控えていたこともあり、ネパールの国会議長を日本の国会に招待したことがありました。

帰国した後、ネパール大使が前尾議長のところに来て、皇太子訪問に当たって土産をくれという。ネパールの首都カトマンズの電力が不足しているから水力発電を造りたいということでした。約三〇億の金がほしいと。当時はまだODAのないころですが、前尾議長は当時、大蔵省の事務次官だった高木さんのところに、すぐ行って話してこいと私に命じた。

佐高　高木文雄。田中角栄（元首相）の番犬と言われた人。

平野　そうです。電話で要旨は話しておくから高木さんのところに行けというわけです。そうしたら、高木さんにバカ扱いされた。「予算も配分し終わったいまごろに来て、三〇億の金を大蔵省から出せるわけがないじゃないか。前尾さんも前尾さんだが、おまえもおまえだ」とさんざんに言われてしょげて帰ってきたんです。

それでも、前尾さんはさすがですよ。結局、いろいろ手を使って出させた。喜んだネパールの大使が、「どこの業者にコンサルタントをさせたらいいでしょうか。日本には日本のルールがあるでしょうから紹介してください」と私のところに来たので、それを前尾さんに取り次ぐと、今度は前尾さんからバカ扱いされた。そんな話は受けつけるな、放っておけというわけです。それで私は「こちらではそういう話は受けつけませんので、どうぞご自由に」と言いましたら、一カ月ぐらい経ってまた大使が私のところに来て、「岸信介事務所に相談して、日本工営にお願いすることになりました」と報告を受けました。

佐高　リベート。日本工営はコンサルティング会社ですね。

平野　あのころ三%ですか、岸事務所に入るキックバックは。だから、結構な金が入っています。まだ岸さんはご存命でしたが、戦後賠償金のキックバックはいろいろ問題になりましたからね。それで私は、まだシンジケートが生きているんだなと思いましたね。国から補助金や賠償金を出させて、そのキックバックをプールするという方法です。これは政治家が直接に金を扱わないようにしている。

佐高　岸信介が後輩の満州国官僚に語った話がありますね。

「政治資金は濾過《ろか》器を通ったきれいなものを受け取らなければいけない。問題が起こったときは、その濾過器が事件となるのであって、受け取った政治家はきれいな水を飲んでいるのだから捕まることはない」

岸は濾過をした安全な金を受け取る仕組みを作っていたんですね。

CIA資金の自民党流入説

平野　ご存知のように、東京裁判ではA級戦犯の明暗が分かれますね。東条英機元首相らは死刑となりますが、東条内閣の商工大臣だった岸信介、超国家主義団体の笹川良一や児玉誉士夫らは巣鴨拘置所から釈放されます。なぜ岸たちが起訴されなかったのか。塩田潮

（ノンフィクション作家）や春名幹男（元共同通信論説副委員長）の著作によれば、岸の釈放は、アメリカが戦後日本に対米追随の協力者が必要であり、岸が釈放後、アメリカに協力することを約束した密約があることを示唆しています。要するに、岸たちはＣＩＡのエージェント要員として捕まえられていたわけです。

岸が戦後の政界に進出するのは、一九五二（昭和二七）年四月の講和条約の発効によって公職追放が解除されたのち、翌一九五三（昭和二八）年三月の吉田茂のバカヤロー解散による衆議院選挙で当選したときです。このとき、ＣＩＡの資金を潤沢に使ったと言われています。実際、板の箱に入れられた札束の封には英文タイプの文字が刻まれていたと、私は岸の選挙事務所にいた人の実話として聞いています。岸事務所に陸送で送られてきたその金を配ったそうです。

佐高　当時だと一万円札はないから、千円札の束ですね。

平野　ＣＩＡの資金提供については、ロッキード事件が発覚したときに前尾議長から直接聞いたことがあるんですよ。

「岸内閣のあと、池田勇人内閣のもとで僕は自民党の経理局長、幹事長に就いた。米国のその筋から何度も資金提供の話があったが、全部断った。政党や派閥が外国から資金をもらうようでは独立国とはいえないし、民主政治なんて育つわけがない」

前尾議長は私にそう語りました。当初、ロッキード社の賄賂と思われていたものが、CIAの工作資金であるという報道がなされ、中曽根康弘幹事長が「CIA資金の自民党流入説は事実無根である」と抗議したころのことです。

佐高　受け取らなかった人と受け取った人の差ですね。

平野　戦前、岸は満州国総務庁次長など要職を歴任し、関東軍が機密費をどうやって作るかという仕組みを作りました。満州から帰国後の一九四二（昭和一七）年、翼賛選挙で当選して政治家になります。佐野眞一が書いた『阿片王』によれば、里見機関の里見甫《はじめ》がアヘンで稼いだ当時の金で二〇〇〇万円を、鉄道省から上海の華中鉄道に出向していた弟の佐藤栄作が運び屋になって岸に渡したと書いていますね。その金を岸は翼賛選挙に使った。

佐高　里見甫の秘書の証言として書いていますね。満州の夜は軍人の甘粕正彦が支配し、昼は官僚の岸信介が支配したと噂されました。甘粕にしろ、里見甫にしろ、彼らが濾過器だったわけですよね。岸はうまい汁だけ吸っていた。

そういえば、安倍晋三が首相を一回失敗したあとだと思いますが、荒井広幸（元参院議員）と旧満州国の首都だった長春を訪ねるんです。そこの記念館に案内されたら、板垣征四郎や石原莞爾など日本人の写真が展示されている。すると、ガイドが「この人たちは長春を支配した悪い人たち。岸信介、この人が一番悪い人」と岸の写真の前で言ったそうです。荒井がびっくりして安倍を指して、「この方はその人の孫ですよ」と言ったら、ガイドが息を呑んだという話があります。

国家戦略特区は満州国方式

平野　アヘンを中国では禁止したけど、満州では専売にするでしょう。この知恵は岸の知恵だったと思いますよ。全面禁止にすると地下に潜るけど、専売にすれば満州国の管理になるから裏金を作れます。

佐高　堂々と裏金を作る国営裏金製造のようなものですよね。

平野　この話も私は実際に聞いています。誰に聞いたかというと、満州で活躍した岡田武馬という人です。私と同じ高知の出身で、菊池寛の小説のモデルになった人です。私が子供のころ、とてもかわいがられました。岡田は岸の子分で、満蒙開拓青少年義勇軍を組織した人物として満州では大物だったようです。私が衆議院の事務局に入ったころ、岡田は岸事務所や旧満州の関係者のところに出入りしていました。

佐高　福家《ふけ》俊一（元衆院議員）なども満州人脈でしょう。岸の周りの人々は満州の金に染まっているというか、だいたい自民党の結党資金自体がフィクサーの児玉誉士夫の金ですからね。

平野　そう。その満州資金で石原莞爾と東条英機が懇意になる。

佐高　夢ばかり語るのが石原で、現実の利益は東条や岸に持っていかれたということです。

平野　そういう岸の系列が安倍晋太郎では途絶えていたけど、息子の安倍晋三で復活して、日本会議といった組織も彼をフォローしているということではないでしょうか。私からすれば、加計学園の獣医学部新設の問題にしてもそうですが、国家戦略特区というのは満州国方式なんですよ。役人に計画を立てさせ、税金を補助金の形に変えて、それを特定の私的な利益に落としていくというやり方です。

佐高　同じ金権でも、田中角栄より岸を受け継いだ安倍晋三の方が悪いですね。角栄は金を自前で稼いだけれども、晋三は国の税金をかすめ取るわけですから。

平野　金の使い方も違いますね。田中は自分の政策や仲間のために使ったように思います。

資金的にも岸に先祖返り

佐高　安倍晋太郎という人は、翼賛政治に反対した父の安倍寛の系列ですよね。つまり、金権政治を良しとしない人です。晋太郎と洋子は政略結婚でしょうが、晋太郎には岸を受け継ぎたくないという側面がありましたね。

平野　衆議院事務局にいたころから、私は晋太郎さんといろいろ話をする関係だったんです。竹下登総理と安倍晋太郎幹事長がコンビを組んで消費税制度をつくりました。ちょうどリクルート事件のときです。そのときの政府側のラインは、竹下総理、小渕恵三内閣官房長官、小沢一郎内閣官房副長官ですからしっかりしていますが、自民党側のラインは、安倍晋太郎幹事長、渡部恒三国対委員長、小泉純一郎国対筆頭副委員長ですから、国対が機能しないいんですよ。渡部は小沢から、「国対の細かな運営は平野に聞け」と言われて、私のところに相談がある。私が例えば、「この部分は野党に譲ってください」と説明すると、渡部がやっと理解したと思ったら、小泉が理解しない。もう話にならないわけですよ。するると、「平野さん、困ったな」と声をかけながら与謝野馨国対副委員長が近寄ってきて、私をこっそり幹事長の部屋に連れて行き、幹事長に十分理解してもらうことで国会運営を乗り切ったわけです。だから、竹下も小沢も、晋太郎さんを非常に大事にしていました。安倍晋三はお父さんの秘書でしたから、お茶汲みです。

晋太郎さんの政治感覚がしっかりしていると感じたエピソードがあります。竹下さんは消費税法案を成立させたいわけですが、それには大きな障害がありました。一つは当時、リクルート事件が起きていましたから証人喚問をどうするかという問題。もう一つは小沢内閣官房副長官と三塚博議院運営委員長のソリが合わないという問題です。そこで、二人の関係を改善するために議院運営委員会担当課長だった私が駆り出されるわけですよ。三塚博監修として『議会政治１００年』という本を書いたんです。

佐高　平野さんがゴーストライターをしてやった。

平野　福田赳夫元首相が出版記念会の祝辞で、「監修した三塚氏のみならず、執筆者に敬意を表する」と、三塚さんが執筆していないことをバラしたもんだから、冷や汗をかきましたけどね。その会で安倍幹事長は「政党政治が確立する過程は郷里・長州の官僚政治が敗れていく歴史だった。政党政治を崩したくない」という祝辞をされた。政党政治の歴史は薩長の官僚政治との闘いだったんです。政党政治や議会政治に健全な理解があるなと思いました。それに比べて、息子の晋三さんの議会政治に対する冒瀆《ぼうとく》は目に余ります。

佐高　晋太郎という人の人柄がにじみ出てくるのが母親の話ですよね。子供のとき、お母さんが離縁した。家を出されたお母さんが再婚して生まれた子供が日本興業銀行の頭取になる西村正雄ですね。晋太郎は東大に入学して上京してから、「母をたずねて三千里」で東京をさまよう。晋太郎は政界入りする前は毎日新聞記者でしたが、このエピソードを後輩である岸井成格《しげただ》が記事にするわけです。

それを読んだ社会党の土井たか子が涙を流して晋太郎への認識を新たにした。外務委員会で安倍外務大臣に対する土井の質問は非常に丁寧だったという話があります。

平野　晋太郎さんは中曽根内閣で外務大臣のときに中東の外交政策の基本を作った男です

からね。中東の国々が賛同した安倍中東政策を息子が壊したようなものです。

佐高　岸の目の前で晋太郎が、「こいつはできなくて困るんだ」と息子の晋三のことをこぼしたくらいですから。

晋太郎が岸の系列でないことは、お金の面でもわかりますね。彼は総裁候補になったけれども、中曽根は別としてリクルート事件の中心人物になったのは、それだけ資金集めに苦労したということです。岸から集金システムを受け継いでいれば、リクルートごとき新興企業から金をもらう必要はない。「俺は岸の婿ではない」と口癖のように言っていたみたいですね。

平野　やはり岸信介と安倍晋太郎では思想が違いますから、晋太郎さんにも多少は岸系列から金が流れたことがあったとしても、自民党の総裁を狙えるような資金供給というのは、おそらくなかったと思います。

彼は役人とのつき合いも立派な人でした。世話になった人に背広の仕立券を贈るというような気配りをしていることを、夫人の安倍洋子さんは知っていましたよ。

佐高　ただ、晋太郎自身はある種のハト派と言ってもいいですが、その取り巻きはタカ派ばっかりですね。

平野　側近と称する人がみんな問題のある人たち。

佐高　安倍四天王。三塚博（元通産大臣）、加藤六月（元農水大臣）、塩川正十郎（元財務大臣）、森喜朗（元首相）の四人です。私はタカ派かハト派かを横軸に、クリーンかダーティーかを縦軸に置いて政治家を分類していますが、塩川はちょっとマシですが、どれもタカ派でダーティーに分類される。そのダーティーな部分を晋三は引き継いだ。

平野　結局、息子の代で資金的な支援の質が変わるんですよ。

佐高　そう。思想的にも集金的にも、晋三は祖父の岸に先祖返りするんです。

森友問題の責任

佐高　もう一人、吉田茂元首相を祖父に持つ麻生太郎（副総理・財務大臣）も俎上《そじょう》に載せないといけませんね。

かつて大蔵省を揺るがしたスキャンダルに、「ノーパンしゃぶしゃぶ事件」（一九九八年）というのがありました。あのとき、大蔵大臣だった三塚博はその責任を取って辞任しましたが、世の中を二年がかりで騒がせている森友問題では近畿財務局による公文書改ざんという犯罪的な行為が行われたわけです。ノーパンしゃぶしゃぶでさえ辞めたのに、今度は辞めないという理屈は成り立たないですよね。まあ、麻生としてみれば、安倍の首相案件でなぜ俺が辞めなきゃならないんだという気持ちがあるんでしょうけど。

平野　私もいろいろ考えたのですが、公文書を改ざんしたのは近畿財務局の役人であり、最終責任者は理財局長（当時）の佐川宣寿《のぶひさ》だというのが麻生の論理です。そうすると、佐川局長の監督責任、任命責任は直接的に麻生財務大臣に帰することになります。私は別の理屈を考えているんです。公文書の改ざんはそもそも歴史を改ざんするものだという論理です。それは立憲主義や議会制民主主義を侵すというレベルを超えて、国家行為の正当性の問題と捉えるということです。つまり、憲法体制を超える上位概念から判断しようとするものです。

公文書の改ざんは専制政治であれ、封建制であれ、どの制度下でも許されるものではない。人間社会の条理に反するわけですね。そうだとすれば、安倍首相は自らの関与に関わりなく、辞めなければならないという結論になります。安倍には麻生の行政的な責任よりも大きな人倫的な責任があるという論理を立てるべきではないかと考えるんです。

だから、野党は安倍に対して内閣不信任案を突きつけるのではなく、政治家としての資質に致命的に欠けるという理由、または人間としてやってはいけないことをしたという理由に基づく議員辞職を要求すべきだと思います。内閣不信任案というのは、解散権の行使、あるいは総辞職をするという権力行使を許してしまうやり方ですから。私が出しているメールマガジンや「永田町風雲録」でこのような論理を展開したら、結構反応がありました。

佐高　ただ、人倫は人間に対して要求する話ですよね。相手が人間でない場合は通らない話になってしまいます。

床屋に行ったら、床屋のおじさんが「あれだけ国会で批判されても、安倍首相や昭恵夫人、麻生大臣は何も感じないんでしょうか」と聞くので、「たぶん感じないいんだと思いますよ」と私は答えた。怪訝そうな顔をしたので、「麻生の富は朝鮮人の炭坑夫を虐待して作った富ですよ」と付け加えたら納得してくれました。

平野　朝鮮の人だけじゃないけどね。

「応援演説」にきた麻生

佐高　麻生は初めて選挙演説したとき、第一声で「下々の皆さん」と呼びかけたという有名な話があります。それから、野中広務（元副総理）に総裁の呼び声が高まったとき、麻生が派閥の会合の大勇会で、「未解放部落出身者を総裁にしていいのか」というような発言をした。野中がその発言を問題視すると、麻生が顔を真っ赤にしてうつむいたという出来事もありました。だいたい、彼は国会議員にしてはいけない人なんです。

特に麻生のことで指摘しておかなければならないと私が思うのは、日本青年会議所の会頭を務めていたことです。いわゆるＪＣと略称されているボンボンの集まり。私は日本青年会議所が日本会議の別働隊だと思っているんです。日本会議という組織には手足がない。その実際的な役割を日本青年会議所がやっているとにらんでいます。

平野　なるほど。

佐高　河野洋平（元衆院議長）が麻生太郎のことをハト派と呼んでいるんです。違いますよね。都合のいいハト派ですよ。だから、私は河野のことを父子相伝の変節と書いた。つまり、洋平も太郎も根っからのハト派ではないから、時流によってタカ派にも近づく。

平野　麻生太郎と私にまつわる話をしたいと思います。一九九一（平成三）年の一一月に宮沢喜一内閣が成立します。宮沢首相は発足当初からリクルート事件（第五章参照）で野党からの追及を受けていました。その年の暮れ、鉄骨メーカー共和による汚職事件が起こります。私が翌一九九二（平成四）年二月二八日に衆議院事務局を辞めて参議院選挙に出る直前のことです。

佐高　宮沢派の阿部文男（元北海道開発庁長官）が受託収賄罪で捕まった事件ですね。

平野　そのとき、朝日新聞が元旦の特ダネで鈴木善幸元首相が一億円、塩崎潤衆院議員が二〇〇〇万円を共和からもらったという報道をした。加藤紘一官房長官には一〇〇〇万円の闇献金の噂がありましたが、この二人の場合は収賄の疑いだということで、野党は当然、宮沢内閣を揺さぶるために証人喚問要求を出し、それをしなければ予算を通さないという強硬姿勢を取りました。私はもう事務局を辞め際だったんですが、そこに麻生が現れるわけです。

佐高　鈴木善幸は麻生の岳父ですね。

平野　娘婿の麻生が私のところへ来て、何とか義理の親父を助けてくれ、元首相が証人喚問をやられたら、一族がダメになってしまうと。そのころ、事態収拾案は私が書いていましたから、麻生が毎日のように顔を出す。おまえから小沢や野党に働きかけてくれと頼みに来ました。

佐高　宮沢内閣は小沢一郎が作ったような内閣でしたね。加藤紘一を官房長官にしたのも幹事長の小沢です。小沢対反小沢で政局が動いていた。小沢に最も力があったころです。

平野　その小沢が私に何とかしてやれと言ってきた。俺から口説くわけにはいかないから、公明党の市川雄一、民社党の米沢隆の両書記長をおまえが口説いてくれと。その二人を口説けば社会党も了解するという読みです。共産党はそのころ小さかった。

私が出した案は、鈴木は元総理大臣だということで参考人とし、塩崎議員を証人として国会に招致する案で、野党も納得しました。塩崎議員は証人喚問で証言に矛盾が出て議員を辞職することになりますが、鈴木善幸は何とか言い逃れて助かりました。

佐高　麻生がいたく喜んだ。

平野　だから、私が保守系無所属で一九九二（平成四）年七月の参議院選挙に出るとき、頼みもしないのに、麻生太郎と与謝野馨が選挙の応援に来てくれたわけです。その応援演説がまた応援じゃない。役場の前で昔話をする。「私の祖父、吉田茂を怒らせた人間が出馬するからよろしく」とか。

佐高　共産党に入ろうとしたとか、そんなことは言わない？

平野　それも言ったかな？（笑）。「応援はもう結構だから、酒でも飲んで帰ってくれ」とすぐに止めたら、「そうはいかん。平野君には義父の鈴木善幸が大変世話になっている」と演説を続けるんですよ。票が減るから、早く帰ってもらったけどね。私が自民党にいたのはたった三カ月だけど、彼らにとっては目の上のたんこぶだったかもしれない。

佐高　麻生と飲んだこともありますか。

平野　何回もありますよ。

佐高　話は続く人ですか。

平野　続かない。

麻生太郎は政治家として不適切

平野　私と麻生太郎にはちょっとした縁があるんです。

私の親父の家系は医者ですが、明治の国会開設運動から同志として活動し、自由民権運動の土佐自由党、それが発展した政友会、戦後の吉田自由党を支援してきたという政治的には保守の流れを汲んでいます。だから、親父は吉田さんと仲が良かった。私は若いころ、共産党に入りかけていたので、親父が心配したわけですね。それで、旧制中学時代からの親父の親友である林譲治と、自分の父親の命の恩人だと私の親父のことを思っている依岡《よりおか》顕知《あきとも》の二人にお世話になったんです。

林譲治は、戦前は鳩山一郎の秘書官をやり、戦後は第一次吉田内閣の内閣書記官長、そして衆議院議長をした人です。内閣書記官長というのは、いまの官房長官に当たる。依岡顕知は、戦前は林の書生で、戦後は林の秘書官をする。林が亡くなるころの依岡は吉田家の執事をしていました。

佐高　依岡さんも俳句をやりましたか。

平野　俳句がとてもうまかった。俳人の富安風生の仲間で、林よりうまいです。

佐高　平野さんは共産党に本気で入ろうとしていたんですか。

平野　そうです。六〇年安保闘争の前哨戦として行われた警察官職務執行法改正案の反対闘争で、私は「デートを邪魔する警職法」というキャッチフレーズをはやらせたり、反対の有識者や文化人を組織したりするような闘士だったんです。法政大学大学院修士課程で学友会という大学院自治会の委員長に就任すると、大学の共産党細胞から入党しないかと誘われるようになりました。法政大学待望の共産党代々木派幹部候補生と言われた。これに狂ったように驚いたのが故郷にいた親父です。

私の東京での親代わりは依岡さんで、私の父から「共産党には入党させず、どこかに就職させてくれ」と懇願された彼は、吉田さんと林さんに相談しました。

最初の案は、吉田内閣で総理秘書官をしていた高野善一郎がテレビ朝日の前身の日本教育テレビの副社長だったので、吉田元首相の指示でそこの採用試験を受けることになりました。高野副社長は「そんなに問題児なら、吉田が困るだろうから採用しよう」ということで了承しましたが、必ずペーパーテストは受けること、さらに名前だけ書いて、解答は書かないようにという条件でした。

佐高　当時はルーズだった。

平野　妙な試験もあるものだと思って採用試験会場に行くと、質問がまことにくだらない。一問目は「東京タワーの高さは何メートルか」という質問です。バカにするなと思って最後の質問を見たら、「好きな人物は？」とあったので、「マルクス、レーニン、毛沢東」と書いて提出した（笑）。高野副社長はすぐに大磯の自宅にいる吉田茂に報告します。

依岡さんによると、吉田ワンマンは瞬間的に激怒したと言っていました。その話を麻生は知っていると思います。麻生太郎が高校生のころです。

佐高　そのとき会っているんですか。

平野　会っていないけど。私が共産党へ入りそうになって、吉田のじいさんにものすごく恥をかかせたという話を麻生は聞いているでしょう。

佐高　ははあ、それで林譲治が平野さんの教育係になるわけですか。

平野　そう。吉田さんがせっかく紹介してくれた会社を蹴ってしまいましたからね。「これは重症だ」ということで、林さんに教育係をしてもらうことになった。林さんはちょうど食道がんの手術を終えて慶応病院で療養しており、そこに通ったんです。そのとき林譲治は、

「共産思想に入れ込むのは思想の自由だから構わない。ただ、現実の政治は違う。わしが体験した戦前戦後の現実の政治を語ってやるから、それを黙って聞きなさい」

と、諄々《じゅんじゅん》と諭してくれました。譲治さんは私を子供のころから知っているから優しい人でね。右翼の児玉誉士夫や読売新聞の渡邉恒雄を徹底的に批判する話から始まった。

私が政治の現実に興味を持ったことを確信した林は、

「どうだ、二年間、わしの言うところで政治の現実を観察してみないか。ただし、その二年間は政治活動をしてはいけない。二年経って、君が共産党に入る気持ちが変わらないな

ら、わしが親父を説得してやる。人間の思想・信条とは貴重で大事なものだ」という殺し文句で口説かれたんです。私はすべてお任せすると答えました。林の指示により、私は高校卒と学歴詐称して、日給一五〇円の臨時職員として衆議院事務局に放り込まれるわけです。

佐高　なぜ詐称する必要があるの?

平野　私らが習った法政の専任教授一〇人のうち、八人は共産党員かシンパだから、衆議院事務局には通らないですよ。

佐高　共産党といえば、不破哲三(元委員長、本名・上田建二郎)と上田耕一郎(元参院議員)の兄弟の父親は高知出身で、上田庄三郎という有名な綴り方教育の先生ですよね。

平野　親父の仲間ですよ。年の暮れに、上田庄三郎が田舎に帰って大正デモクラシー運動をやった仲間と宴会をしているとき、親父が横に座っている私に向かって、「どんな大人になってもいいが、上庄みたいにはなるな」と言う。なぜと聞くと、「酒癖は悪い、女癖も悪い」と答えたから座敷が大笑いになりましたよ。当時の衆議院事務総長が、臨時とはいえ危険人物だから監視人をつけてくれ、という条件を出したので、私の監視人についたのが当時、衆院安保特別委員長だった小沢佐重喜《さえき》です。

佐高　そうだったんですか。小沢一郎の親父さん。

平野　吉田茂、林譲治、小沢佐重喜は吉田自由党政権時代の同志です。そのころの私は札付きでしたからね。国警本部で赤丸が入った内乱予備罪候補でしたから。

佐高　いまもそうですよ（笑）。いかん。自民党という病が、平野貞夫という病みたいになってきた。本題に戻りましょう。

平野　依岡さんが亡くなったとき、麻生家は何もしないんですよ。仕方ないから麻生に電話をして、あれだけ世話になったのだから、お通夜ぐらいは来いと言ったら、ちゃんと母親を連れて来ましたよ。

佐高　何かをしてもらうことには慣れているけど、自分がしてやることには慣れていないんですね。

平野　麻生は麻生の関係者が、吉田茂につながる宏池会の大物議員に、「麻生太郎を衆議院に出したいが、どうだろうか」とお伺いを立てないといけない人だった。実際、ある人が前尾さんに「麻生太郎はどうか」と聞きに来たとき、前尾さんは即座に「やめておけ」と答えていました。祖父の名前に傷をつけてはいけないという配慮ですね。政治に不適切なキャラクターとして有名だったから、彼は国会議員になるのが遅かったんです。弟は優秀な男ですけどね。

佐高　さっきの昭恵みたいなものですね。

平野　吉田茂は麻生太郎をかわいがっていましたよ。

佐高　岸信介が安倍晋三をかわいがるのと一緒です。バカな孫ほどかわいい。

河野一郎という病根

佐高　自民党という病には河野一郎（元副総理）という大きな病根もあります。吉田茂は「盗人のごとき輩」と河野一郎のことを非難する手紙を三木武夫によこしていますね。それほど吉田は河野のことが嫌いだった。右翼の野村秋介によって河野の平塚の自宅が焼き討ちされたりしています。その河野一郎の利権は水産漁業関係ですよね。平野さんは林譲治から「河野は国を売る男だ」と聞かされた。

平野　農林水産省の利権です。私が林譲治から直接話を聞いたときは、ちょうど日ソ漁業交渉が妥結したころでしてね。「河野はその漁業交渉で国を売った」とはっきり林は言いましたよ。「政治家は国を売ったらいかん」ということもしきりに言っていました。河野は当時、児玉誉士夫と親密でした。それと、彼は畜産利権を持っていた。

佐高　畜産振興事業団の疑惑というのがありましたね。

平野　実際に自分が体験した話をしましょうか。河野一郎は一九六五（昭和四〇）年の七月に動脈瘤の破裂で急死します。当時、女性の腹の上だったかもしれないという噂が立ちました。すぐ河野派に内部抗争が起こり、後継者争いが激しくなります。
　その一方で、その年の一二月に日韓国会（日韓基本条約の審議で国会が荒れた）の後始末で船田中、田中伊三次衆議院正副議長が辞めて、山口喜久一郎、園田直《すなお》正副議長に交代します。園田副議長は女性問題も多く、秘書をいじめることで有名な男で、平野だったら潰れてもいいだろうという判断で、私が事務局から副議長秘書につけられたんです。

佐高　河野一郎の死後、河野派内部が中曽根康弘系と森清系に分かれるわけですね。

平野　森系のナンバー2が園田直。森清は森コンツェルンの社長だった人で総理府総務長官を務めた。甥が衆院議員の森英介。

佐高　三木睦子の兄さん。

平野　結局、後継者争いは一応、森清が勝ちましたが、事は単純に運びません。河野一郎の利権にはファミリーの利権と派閥の利権がありましたが、派閥の利権は中曽根がサッと取って逃げてしまい、病気だった森清は亡くなってしまいます。それで、実弟の河野謙三は参院副議長、森派のナンバー2だった園田直は衆院副議長というので、二人で相談して河野の後始末をするようになるわけです。
　そのとき、目の前には二つ問題がありました。一つは、「東京資材問題」です。河野のファミリー企業に東京資材という会社があり、ここで起きた親族間のトラブルが背任横領事件に発展しかけていた。東京資材は食糧庁が管理する米穀を入れる麻袋を独占的に納入している、いわばトンネル会社です。当時、米はまだ配給制ですから、ボロ儲けですよ。

園田にとって河野一郎は恩人です。園田は熊本と天草諸島を結ぶ天草五橋の実現に政治生命をかけていました。「大臣にならなくてもよいから、天草に橋を」という園田の懇願に負けて、河野はその政治力を発揮して天草五橋を作ったんです。だから、園田は河野の利権や女性問題の後始末を禍根を残さずやり遂げたかった。彼から「事務担当をどうするか関係者で相談したところ、議員会館の秘書では対応できないから、事務局から来ている役人の秘書ならば口が堅いだろうということになった。弟さんの河野副議長からも説得してくれとのことだ」と言われたとき、その思いを知る私は断るに断れなかったんです。

佐高　本来の仕事じゃないけども。

平野　そう、仕方なく。問題を整理し、話し合いを進めると、当時の金で八億円の資金があれば訴訟事件にはしないという見通しがついた。あとはその金をどう調達するかという話になりました。そこでもう一人、後始末に協力してくれたのが宇野宗佑です。

佐高　神楽坂の三本指の人。

平野　宇野が滋賀県の出身で、近江商人の生き残りといわれる大阪の日証という金融会社のオーナーの大堀省三がその金を融通するという話をつけてきた。

佐高　その名は聞いたことがあります。

平野　大堀さんは佐藤栄作や中曽根康弘など大物政治家に資金を提供していることで、その筋の人たちには有名な人物です。実際の金の受け渡しは宇野と大堀が現金でやりましたが、連絡や調整は私の担当でした。ただ、八億円という金が、政治献金なのか個人的な貸付か、返済義務があるのかないのか、皆目わからなかった。あるとき、大堀さんが「この八億円を出したことは佐藤首相にも話してある。佐藤政権の安定に役立てばいい」と私に洩らしたことがあったので、向こうも返してもらうつもりはないんだなと判断しました。あなたが証人だよというところでしょうか。

佐高　いまに換算するといくらぐらいですかね。

平野　三〇億円くらいじゃないですか。「地獄の沙汰も金次第」のことわざどおり、検察・警察筋には園田さんが話をつけ、刑事事件にしようとしていた河野一族の人には宇野さんがその金で説得して一件落着となりました。

ただし、これには後日談があります。大堀さんからの金が一〇〇〇万近く余ったんです。河野、園田、宇野で三等分にした。謙三さんと宇野さんはどう使ったのか知りませんが、園田さんは赤坂の若い芸者を身請けして、勝海舟の居宅があったことで知られる赤坂・氷川町のマンションに部屋を借りたんです。「何もかもさせて君にすまないが、新婚さんのふりをして二人で秋葉原へ行き、テレビ、洗濯機、冷蔵庫を買ってきてくれないか」と懇願されて弱りました。

佐高 三種の神器をそろえたわけですね。

平野 「いよいよ女好きの勝海舟の心境ですか」と皮肉を言ったけど、全然利かなかった。

佐高 園田さんはお盛んだったわけですね。

平野 万里昌代《ばんりまさよ》という女優を知らないですか。

佐高 知ってますよ。

平野 園田はお盛んどころじゃない男ですよ。私が衆院副議長秘書の辞令をもらった日に園田は、「明日、午前六時に千駄ヶ谷のマンションに来るように」という用事を一件だけ言いつけるんです。翌朝、部屋のベルを押すと、ドアを開けて出てきたのがネグリジェ姿の万里昌代だった。「失礼、部屋を間違えました」と詫びたら、「こういうことだから、万事よろしく」と、万里昌代の後ろからひょっこり顔を出したのが園田です。さらに、「これから佐藤首相の指示で議長とともに、大磯の吉田元首相に挨拶に行く」と告げられて、また腰を抜かしたんですけどね。

佐高 確か、大映の女優さんだったでしょう。

平野 大映社長の永田雅一が愛人に充てていた。永田は河野のスポンサーとして河野派の五奉行、中曽根康弘、園田直、森清、山中貞則、宇野宗佑の五人に大映のしかるべき女性を用意していたと言われていました。

ポッカレモン事件

平野　大堀省三の八億円の話はこれで終わりじゃないんですよ。彼はその金を返してもらうつもりはない。しかし、何かの形でお返しはしてもらいたいわけです。東京資材問題が解決して二カ月ほどして、園田さんが困り果てた顔で話を持ってきました。それが「ポッカレモン事件」です。

いまでも売られている商品ですが、ポッカレモンという健康に効果のある天然素材で作られたというイメージの飲料食品が発売されたんですね。それがあまりにも爆発的に売れたものだから、従来のジュース類の売れ行きに影響が出た。それで、サントリーやアサヒビールなどの競合他社が、ポッカレモンには自然食品との表示があるのに、分析したら天然素材は入っていないとして「商品の不正表示」に当たると、公正取引委員会に提訴したという事件です。大堀がポッカレモンの大株主なんですよ。

佐高　訴えが認められたら大損すると。

平野　そう。大堀が佐藤栄作事務所に駆け込んだら、「こんなうさん臭い話は園直《そのちょく》が得意だから、園直に回せ」と言われてこちらに来た。

佐高　大堀との連絡係が平野さんだったからですか。

平野　それもあるし、議員会館の秘書ではできないから。

佐高　困ったでしょう。

平野　無茶苦茶ですよ。これも衆院事務局の役人がやる仕事じゃないけど、やむを得ず公取委の担当課長に会った。私はこれを却下しろ、審査するなとその課長に言いましたよ。この人がなかなかの男でね。それは絶対できないと即答した。政治圧力で提訴を却下したら、むしろあなたたちに影響が来ると言う。他に対策はないのかと言ったら、こちらでは考えつきませんと。この男はのちに中央大学の商法の先生になったそうですが、私はなるほどと思って引き下がりました。結構、私は悪事に加担していると思ったね。

佐高　結構、じゃなくて十分。

平野　私が大堀に出した提案は、サントリーやアサヒビールの飲料にも何か欠陥があるだろうから、それを見つけて同時に問題提起をすれば収まるのではないかというアイデアです。そんなところでどうだと大堀に言ったら、やっぱり裏社会の住人だから、問題点を大堀が見つけてきました。

佐高　喧嘩両成敗みたいなもんですね。

平野　そうそう。提訴した企業の商品に公取委が問題とすべきことがたくさんあることが判明したんです。再び、その担当課長に会い、「他社にも提訴すべき不当表示が多々ある。これを精査し、ポッカレモンと同時に処分することをプレス発表することでどうか」と提案したら、それで行きましょうということになり、問題は解決しました。

ところが、公取委の対応を不満とする企業が、大阪府選出の社会党の大物政治家、亀田得治（元参院議員）を使って、参院予算委員会で平野貞夫の名を出して追及するとの情報をNHKの記者が園田にご注進に来た。

佐高　競合他社の意趣返しが起きたわけですね。

平野　参院予算委員会で私の名が出れば、衆院事務局職員を辞めるより他にない。腹を決めてさっぱりした気持ちでいると、佐藤事務所が亀田議員を押さえてくれたようです。佐藤首相から官邸機密費が流れたのでしょう。それが当時の自社五五年体制の典型的なパターンですからね。それで私の首はつながりました。

河野一郎が生んだ政商・小針暦二

平野　もう一つは、「那須国有地払い下げ問題」です。

佐高　東北の小佐野賢治と言われた小針暦二が登場する。

平野　彼がまだ一介の不動産屋で、稀代の政商と言われる前の話です。河野一郎の口利きで那須高原の国有林が不正に払い下げられたらしいと、すでに警察が内偵に入っていて、これも事件になりかけていたんです。

佐高　小針はそこでホテル建設や観光事業を立ち上げ、政商としての基盤を作っていくわけですね。

平野　警察が小針暦二を事情聴取しようとしているという情報が流れたので、河野謙三、園田両院副議長は小針を隠す必要がありました。それでまた私にお鉢が回ってくるんです。「半年か一年になるかわからないが、小針を行方不明の状態にすることになった。ついては、極秘の連絡先が必要だ」ということで、連絡先が私の副議長秘書の宿舎になった。

佐高　河野一郎を傷つけるわけにはいかないと。

平野　これも、やむを得ず。

佐高　連絡役は長くやったんですか。

平野　連絡を密にやったことで、一〇カ月ほどで警察が捜査をしなくなりました。私も秘密を明かしませんしね。その後一〇年ぐらい、盆と暮れに小針は靴下を送ってよこしました。ある人にその話をしたら、「あのケチが物をくれるとは」と驚かれたことがあります。

佐高　小針は福島交通も乗っ取りますね。福島民報の社長にもなります。ある意味利権の巣になっていく。

平野　河野の死後、小針は中曽根にくっつくんです。新しい権力が新しく利権化していったんでしょうね。

佐高　安倍晋太郎や三塚博などの財布にもなっていくわけですね。

平野　安倍晋太郎官房長官のころ、小針が官房長官の椅子に座って威張っていたという話を聞いたことがあります。ロールスロイスで官邸に乗りつけてきたそうですよ。

これも後日談があります。それから一二年経って思わぬところでお返しをいただくことになるんです。一九七六（昭和五一）年暮れに福田赳夫内閣が成立します。福田政権を支える柱が金丸信議院運営委員長で、その資金面を支えていたのが小針でした。あるとき、議運委員会の事務担当をしていた私が金丸議運委員長に決裁をもらいに委員長室に行くと、ちょうど金丸と面談中の小針と出くわしたんです。小針が私に気づいてびっくりして、「平野さんじゃないか。その節は大変お世話になりました」と思い出話に花が咲いた。そうしたら、今度は金丸がびっくりしてね。「俺たちが頭を下げる人物が、どうして平野君に最敬礼をするんだ」と。

佐高　やっぱり金主の方が強い。

平野　こんな恐ろしい人をどうして君は知っているのかという話になった。

佐高　平野さんが小針より恐ろしい人になったわけですね。

平野　小針が「ちょっと人に言えないことで、昔、彼にお世話になった」と説明すると、金丸が、「わしも当選以来世話になっている。これからは平野君の命令はすべて聞く」とのたまった。

佐高　態度が変わった。

平野　尊敬された（笑）。だって、小沢一郎より私の方を尊敬するようになるんだから。小針がその後の自民党をいかに牛耳ったかというエピソードの一つです。私があんなことをしなければ……。

佐高　自民党の財布が消えていた。

平野　もう少し自民党もまともだったかもしれませんね。

河野ファミリー利権

平野　先ほど、東京資材というトンネル会社の話をしましたが、それ以外にも「湘南倉庫問題」というのがあり、これも人に知られた話なんですよ。綺麗ごとになっていますけど、ものすごい裏があるんです。

佐高　湘南倉庫も河野のファミリー企業ですか。

平野　そうです。河野一郎が建設大臣だった一九六二（昭和三七）年ごろ、建設省が東名高速道路全線にわたる施行命令を出しました。聞いた話ではそれに合わせるかのように、一郎は弟の謙三が社長を務める湘南倉庫運輸という会社に東名厚木インターの建設予定地付近の広大な土地を購入させているんです。その後、大手スーパーの物流センターにその土地のかなりの部分を売却した。当時は一面に葦が広がる沼地だったといいますから、ボロ儲けでしょうね。本社が所在する土地も、河野一郎が国有地を坪一〇万円で日通に購入させたあと、日通から湘南倉庫に半値の坪五万円で売却させたと言われています。

湘南倉庫が所有する各地の倉庫に何が入っていたかというと、米やタバコなど公的な品が山積みになっていたそうですよ。

佐高　東京資材と同じく国が管理する商品がらみですね。

平野　佐高さんは一郎の弟・謙三の下にも末弟がいたことを知っていますか。

佐高　いや、知らない。

平野　河野一郎の兄弟は長男の一郎、弟の謙三、妹の美佐子、末弟の弘という四人兄弟なんです。あまり知られていないようですね。戦後、河野一郎が公職追放で神奈川三区の議席が空きます。その選挙区を継いだのが謙三です。あとで参議院に移りますが、彼は最初、衆院議員から政治生活が始まった。表の役割を謙三が担当し、弘は河野家の利権管理という裏の役割を果たしていくんです。

佐高　初めて聞きましたよ。

平野　末弟の弘が経営する商社を、諸官庁や選挙区の平塚市役所などの御用達として入り込ませていた。鉛筆などの文房具を市販の三倍もの価格で諸官庁に納入させるというあこぎなやり方をしていたようですね。

佐高　最近の話はないんですか。

平野　ありますよ（笑）。「柳島スポーツ公園問題」という疑惑ですけど、資金の生み出し方がよくわかる事例です。柳島スポーツ公園は箱根駅伝で有名な国道一三四号線沿いに今年春にできた巨大な公園で、茅ヶ崎市がＰＦＩ方式事業により作ったものです。公園の広さが六・五ヘクタールもあり、総工費が九五億円。そのうち用地買収費が二〇億円です。河野太郎の秘書出身の県議が用地買収がらみで暗躍したのではないかと噂されています。

"名議長"河野謙三の実体

平野　病根というものを分析していくと、例えば、ロッキード事件で取り上げた三木武夫のように、世間ではよく思われて評判のいい人が、実はそうではないというズレが見つかることがありますね。

河野謙三と河野洋平もそうなんです。河野謙三は名議長だとか言われていますが、とんでもない男ですよ。一九七三（昭和四八）年五月に前尾繁三郎さんが衆院議長に就任します。すぐにやったことは党籍離脱と、野党の国対委員長に「単独審議はしない」「会期再延長はしない」という二項目を約束することでした。ところが、自民党が参議院で防衛二法案、国鉄運賃法改正案、筑波大学法案などを強行採決したので、野党はいっせいに反発して国会審議が全面的にストップした。国民生活の重要法案など四〇件近くが処理できずに、再度、参議院で詰まってしまったんです。前尾議長は辞職を覚悟して六五日間の再延長をやらざるをえなかった。

そのとき、参議院でいくつの法案を通すかということについて椎名副総裁が箱根で休養中の河野謙三参院議長のところへ二〇〇〇万円を持って相談にいくんですよ。

佐高　野党に配れと。

平野　その日の夕方、椎名悦三郎副総裁が前尾議長を訪れます。私が席をはずそうとしたら、「ここにいて、聞け」と言うからそこにいると、「悔しい」と洩らすわけです。河野議長に二〇〇〇万円を渡したら、「二本でいいのか」と言ったらしい。法案を通すのに、一法案につき一〇〇〇万円が相場だったんです。野党対策に優れているという評判ですが、実際は常に金で解決しているのが河野謙三という男なんです。

佐高　私は褒めて書いちゃったけどね。

平野　だから、世間の評判と実像がぜんぜん違うんですよ。

土性骨の据わっていないハト派、河野洋平

佐高　次は、河野洋平（元衆院議長）の実像に迫りましょうか。河野洋平という人について、もちろん平野さんの方が詳しいと思いますが、一時は自民党のホープとして期待された人ですね。主婦層に非常に人気があった。

彼は保守二党論を主張します。保守一党独裁では腐敗の進行は止められない。第一保守党をチェックする第二保守党が必要だとして、田中角栄の金権政治に反対して新自由クラブを作って飛び出すわけですね。イギリス保守党の教育相であったバトラーが提唱した新保守主義が背景にありました。その河野洋平に対して私はこう批判しました。「同じイギリスの宰相、グラッドストーンが特定の地域エゴの代弁者に堕することを恐れて、何回となく選挙区を替えて立候補したことを知っているか」と。第二保守として田中角栄を批判するなら、父の一郎の地盤の神奈川ではなく、角栄の地元の新潟三区から出るべきだろうと言ったんです。

ロッキード事件のころ、私は岸信介と満州でつながりのあったフィクサーの矢次一夫《やつぎかずお》と

会っています。そのとき、矢次が河野洋平を評して「金魚代議士」と斬り捨てたんです。「なるほど、観賞用の政治家か」と妙に納得しましたね。

その後、森喜朗政権が誕生すると、河野洋平は森を支えるわけです。森が「神の国発言」をしても、河野は何の批判もしない。私は連載していた神奈川新聞のコラムに「金魚は死んだと断定した」というタイトルでまた批判したんです。さすがに神奈川新聞は「金魚は死んだか」というタイトルに変更して私のコラムを掲載した。

そうしたら、地元の新聞ですから、選挙に影響すると思ったのか、河野が「金魚は死んでいない」という反論を書いたんです。佐高さんからはそう見えるかもしれないけど、俺は俺なりに苦労しているというような内容でした。後日、「あれは俺が書いたんだ」と朝日新聞記者の若宮啓文が白状するというおまけがつきました。

平野　ああ、ゴーストライターだったんですか。

佐高　選挙区が神奈川だから放ってはおけない。しかし、真正面から反論するとまたやられるというので、俺は苦労して書いたんだよ、と若宮が言っていましたけどね。土性骨の据わっていないハト派だなと河野洋平のことを思いましたね。

平野　同世代の橋本龍太郎や小渕恵三はそれなりに記憶力がいいとか、気配りをするとか、特徴があったでしょう。しかし、河野洋平にはそれがない。もともと彼は政治の理念も政策もわからないというタイプなんです。いい知恵もなければ、悪い知恵もない。だから、飾っておくには一番いい。

それを別の観点から見れば、取り巻き連中には都合がいいわけです。例えば評論家の内田健三や毎日新聞記者の岩見隆夫にとっては。こう言えばどうだと差し向けると、調子よく河野がそうしゃべるでしょう。多少政治に影響が出れば、知恵をつけた方は俺が教えてやったんだと得意になる。彼に独自の想像力、発想力はないんです。

佐高 なるほど、特徴がないですか。

平野 いや、彼には倫理観がないという特徴がありましたよ。大の女好き。

佐高 聞いたことがある。

平野 もっと面白い話は、河野洋平が丸紅に入社してアメリカに勤務していたとき、田中真紀子がニューヨークに留学しに行く。向こうで二人は仲良くなったらしいね。

佐高 また周囲の人も、河野一郎の息子と田中角栄の娘ならいいじゃないかという話になったんですよね。

平野 あるとき、酔った勢いで私が小沢一郎に「角さんは真紀子をあんたと一緒にしたかったんじゃないか」と言ったら、「バカ言うな」とものすごく怒ったよ。

佐高 みんな知っている話だったという。

平野　河野洋平の女遊びがどれほどひどいものだったかを示す政界で有名な噂があるんですよ。彼の奥さんは伊藤忠商事を創立した伊藤忠兵衛の孫娘ですね。名門のお嬢様ですよ。その奥さんがいよいよ余命いくばくもないというときに、夫の洋平に会うのを嫌がり、会わずに亡くなったというんですよ。それくらい女性関係がひどかった。それが原因で奥さんの死に目に彼は会えなかったという話があります。もう一人、死に際に自分の旦那に会うのを拒否した女性がいます。牧野伸顕の娘で吉田茂の奥さんです。

佐高　大久保利通の孫娘。吉田茂の晩年の方は小りんという芸者さんと事実上の夫婦だったんですよね。

平野　吉田の奥さんは死に際に夫と会うことなく、「芸者の子は芸者が好きだ」と言って亡くなったと、吉田家の家老職だった依岡顕知さんから聞きました。吉田茂は芸者さんの子だからね。私は、小りんさんを直接知っています。とても立派な女性でした。

佐高　河野洋平は麻生太郎とも仲がいいですよね。

平野　おっしゃるとおりです。保保連合を構想していた平成一〇年ごろ、河野洋平派の麻生を引っ張り出し、吉田茂政治の再生を考えたことがあります。私は麻生に「河野洋平とつき合っていたら、おじいさんが泣くぞ。祖父の政治意志を継いで党首にならないか」と持ちかけたら、「思想信条は違うけど、洋平と別れることはできない」と乗ってこなかった。これは普通の関係じゃないなと思った。

佐高　えっ？

平野　特殊な関係じゃないかと思ったね。

佐高　はい、わかりました。河野洋平は護憲らしき立場ですが、麻生太郎はぜんぜん護憲ではない。それが入れる派閥というのは、河野の無定見のなせる業ですよね。

平野　そうだと思います。河野洋平は麻生のことがかわいくてしょうがないという感じでしょうね。そういえば、私が国会議員になったときに橋龍の後援会長から墨書の手紙をもらいましてね。そこには、橋本龍太郎は特別な感情を持っているから、どうぞ友人になってくれと書かれてあったことを思い出しました。

佐高　わざわざ手紙が来た。平野さんの方が橋本より年が二つ上ですよね。

平野　田舎の乱暴者を評価したのかな。

佐高　はい、わかりました。そこは深入りしないで。

第三章　保守本流とは何か

椎名裁定の裏側

佐高　自民党という病の病根と闘ってきた保守本流の人々をクローズアップしてみたいと思います。平野さんの著書『わが輩は保守本流である』ではないですが、保守本流というと、真っ先に思い浮かぶのが三賢人です。前尾繁三郎、椎名悦三郎、灘尾弘吉（元総務会長）の三人ですね。これを城山三郎が『賢人たちの世』という本に書くわけです。彼らは皆、官僚出身の政治家ですね。

ユニークなのは椎名悦三郎です。外務大臣のとき、日米安保条約に関連した社会党議員の質問に対して、

「アメリカは日本の番犬である」

と平然と言ってのけ、むしろ質問した議員が慌てて、

「大臣、そんなこと言っていいのか」

とたしなめると、再び立ち上がった椎名は、

「あ、間違いました……」

とひと呼吸おき、

「番犬様でございます」

と答えて、議場が爆笑の渦に包まれたという有名な話がありますね。

平野　ちょうど一九六五（昭和四〇）年の日韓国会のときですね。

佐高　そういう味のある自民党の政治家が完全にいなくなりましたね。椎名悦三郎がかぜん有名になったのは椎名裁定です。つまり、田中角栄がロッキード事件で退陣して、さあ次の政権を誰にするかというときに、椎名裁定によって三木武夫が指名されるわけです。椎名裁定というのは、田中の金権政治から自民党のイメージをガラッと変えて、自民党を救う効果がありましたね。

平野　椎名さんのやり方がうまいんです。椎名さん個人だけではなく、そのころの自民党には上手に着地点を見つけていく文化が残っていました。例えば、話を持ちかけるにしてもちゃんと順番を考えるとか。椎名さんの相談相手は前尾さんと灘尾さんですが、主に決めたのは椎名さんと前尾さんです。

佐高　やはりその三賢人で話し合いがあった。

平野　そう。私は前尾議長秘書としてやり取りをこの目で見ています。椎名さんはしきりに「議長を辞めて、総理を引き受けてくれ」と前尾さんを口説いたんです。二人の考えの中には福田赳夫、大平正芳、三木武夫、中曽根康弘などの名前はまったくなかったですね。

佐高　椎名のワンポイントリリーフ。

平野　「あんたなら、田中の後始末ができる」「党の危機をまとめられるのは君だ」と椎名さんは前尾さんに何度も言いましたよ。しかし、前尾さんには総理をやりたくない理由がありました。本音は金権権謀政治が大嫌いであり、金を使ってまで総理になんかなりたくないということ、党籍を離れて衆議院議長の地位に就いた者が行政の長となって政治をすることはありえないこと、そして、自分の健康を考えると議長をすることで精一杯であることの三つです。

佐高　三権の長であることを重んじたんですね。

平野　椎名さんとしては、前尾さんで正常な自民党政治を作ろうと考えていたけれども、逆に前尾さんは、「あなたが責任を取って総理に就任すべきだ」と椎名さんにしきりに言っていましたね。

佐高　でも、椎名のワンポイントリリーフ案はすぐに消えましたね。大平正芳が「行司役が土俵に上がるのか」と椎名を牽制した。大平は自分が首相になる気だから、椎名を潰した。椎名も大平にはいい印象を持っていないでしょう。日中国交回復のあと、椎名が台湾へお詫び特使として行ったときに、外相の大平は本当に申し訳ないという感じではなかったらしいですね。椎名は、いろんなものをぶつけられたり、風邪だと言われて台湾の重鎮に会えなかったりした。

平野　そのとおり。よく知っていますね。私は前尾さんから「大平君の姿勢はダメだ」とずいぶん聞かされました。日中国交回復の台湾お詫び特使のとき、いったん椎名さんは日本に戻って、また訪台したと思いますよ。

佐高　そのことがあって、椎名さんの頭の中では大平の名前は早々に消えているんですね。

平野　それに椎名さんは、大平を担いだ一派が前尾さんを宏池会会長の座から引き摺り下ろしたことも知っていますからね。

佐高　だから、大平、福田、三木という有力候補の中で、椎名さんの頭の中では大平が一番先に消えていったということですか。

平野　そのとおりです。それで次は、保利茂（元衆院議長）の話が出る。これも悪い話じゃない。でも、やっぱり消えていきました。たとえワンポイントであっても、次元を変えなければいけないわけでしょう。保利さんは福田派の汚れ仕事もやっていましたから、イメージを変えられない。

佐高　残るは福田か三木かということになりますね。

平野　しかし、福田は露骨すぎるでしょう。田中政権が生まれる前に、いわゆる角福戦争をあれだけやったんだから。

佐高　福田赳夫は田中角栄と戦って負けた相手ですもんね。そうすると、かなり最初から答えが見えていたんですね。

平野 そうでしょうね。結局、三木というアイデアを出したのは椎名さんです。

佐高 その見えている答えを、いかにも揉めているように見せながら落としどころに持っていく椎名悦三郎の手腕がすごいですね。

平野 意図的なのか、結果的なのかはわかりませんけどね。両者の会談場所を決めるのは私と椎名事務所の秘書の役割だったんですが、椎名事務所との打ち合わせが漏れたり、新聞記者が待ち伏せしたり、いろいろあるわけです。最終決定をしたのは四谷の旅館ですが、最初は二子玉川にある料亭を予約していたんです。

佐高 かなり離れていますね。

平野 新聞記者にわかりづらいから。

宏池会の会長争奪戦

佐高 最近、前尾と大平の関係について面白い話を聞いたので、これはぜひ平野さんに確かめないといけないと思ってお聞きしますが、前尾繁三郎が幹事長になったとき、みんな当時は若くて、実力が未知数だったので、軽量三役と呼ばれました。

平野 前尾繁三郎幹事長、田中角栄政調会長、赤城宗徳総務会長。一九六一（昭和三六）

年七月一八日の第二次池田勇人内閣改造で生まれた。

佐高　それまでは自民党の選挙戦略は一切、電通だったそうですね。それを前尾幹事長が博報堂に替えようとするんです。

平野　知ってます。

佐高　これは博報堂社長の近藤道生などを使ったんですか。

平野　いや、大蔵省。

佐高　近藤道生、磯邊律男と大蔵省出身者が続けて博報堂の社長になるからですか。ところが、それを電通が大平正芳を使って池田勇人の鶴の一声でひっくり返す。これは前尾と大平の齟齬の一因になるんでしょうか。

平野　それほど大きな原因じゃないと思います。前尾と大平が齟齬をきたした最大の原因は、宏池会会長なのに総理になりたくないからです。派閥の領袖である以上、総理を目指さなければいけないのに、先ほどの理由から総理にはなりたくないし、なれない。しかし、大平には宏池会をすぐには譲りたくない。大平も世間で言われるほど立派な人じゃないんですよ。

佐高　でも、田中角栄を信頼している点では前尾と大平は変わらないわけでしょう。

平野　確かに変わらない。しかし、そこがポイントです。私は田中角栄に直接聞いた話ですが、田中にとっては自分の政権を早く作り、それを長く続けるためには前尾より大平の方が大事なんです。つまり、田中は前尾が煙たかった。

佐高　学者だしね。

平野　一番怖かったしね。田中は畏敬という言葉を使っていました。

軽量三役のときに、前尾幹事長は糖尿病でほとんど入院していて、幹事長の仕事もすべて田中に任せていた。そうかといって、前尾さんは何もしなかったわけではない。病院にいながらにして手を打ち、角栄に花を持たせることまでしているんです。

軽量三役が最初にぶつかったのが「保険医総辞退問題」です。これは、一九六一（昭和三六）年度から発足する国民皆保険制度と診療報酬の引き上げなどをめぐって、当時の古井喜実厚生大臣と武見太郎日本医師会会長との間でこじれにこじれていた問題でした。診療報酬の引き上げ額の折衝が頓挫して、武見会長は全国一斉休診という実力行使に出ました。それがダメなら、全国の保険医に保険医を辞める届けを出すことを指示するという二段構えで抵抗しようとしていました。

佐高　病院ストライキだから、日本中が大騒ぎになった。

平野　全国一斉休診はすでに三月一九日に行われており、保険医総辞退突入は八月一日に予定されていました。軽量三役が誕生したのは七月一八日ですから、医師会と厚生省の対立が頂点に達した状況の中で生まれたことになります。

田中は武見に会って説得し、医師会側に新たな申し入れ書を送って打開しようとしましたが、平行線をたどります。いよいよ突入前日の七月三一日、田中は医師出身の八田貞義議員を使者にして武見会長に親書を届けます。武見会長がそれを開くと、そこにあったのは白紙委任状でした。ただ最後に、「右により総辞退は行わない」とだけ書かれていた。

武見会長はその白紙に、四項目の箇条書きを書いて返信しました。医療保険制度の抜本的な改革に関わる一般的な指針を記すにとどめて、具体的な数値要求を一切、書かなかったんです。医師会では「抽象的すぎる」と難色を示しますが、武見会長の言葉がふるっていた。「これは金貸しの証文とは違う。信頼関係に基づく文書だ」とその反対を押し切ったんです。

その一方で、武見会長の返書に厚生官僚は強く抵抗しましたが、灘尾厚生大臣が説得しました。時間切れ直前の七月三一日の午後、武見会長が保険医総辞退突入を中止する命令を出して、この問題は解決しました。実は八田議員も灘尾厚生大臣も前尾幹事長の盟友中の盟友ですから、田中政調会長を助けることは前尾幹事長を助けることなんです。

佐高　まさに腹芸。前尾は陰で角栄の手柄にしたんですね。なかなかできない芸当。

平野　角栄ももちろん、それをわかっているわけですよ。また、前尾さんもいずれは大平に譲らなければならないことをわかっていた。田中六助や田沢吉郎などに金を渡して、クーデターを起こさせたのは角さんなんです。

佐高 それで宏池会の会長に大平がなった。

平野 一番頭にきたのは前尾夫人です。夫が総理になることを妨害した連中がいるという誤解があった上に、前尾の体が悪いのに、なぜそんなことをしたのかというしこりが奥さんの気持ちの中に残った。

前尾さんが京都の自宅で亡くなったとき、鈴木善幸首相、宮沢喜一官房長官のコンビの政権だったんですが、宮沢官房長官がご遺体を東京に移し、密葬を東京で行うように交渉してくれと私に言ったので、私が夫人に掛け合うと、「主人が宏池会の会長を辞めるとき、鈴木さんがどんな立場だったかお忘れですか」と叱責された。鈴木も大平系でしたから。

佐高 角栄より大平の方に恨みが深いわけですね。

平野 そうです。それから、前尾事務所の秘書にスパイをさせて、前尾さんの秘密を探ったりしていたことも発覚した。前尾さんには身内に裏切られたという気持ちが拭いきれなかった。角さんは前尾さんに対して、世話になったのにすまないという部分と同時に、自分の権力欲の部分があったわけです。だから、前尾さんは議長時代に、このときの角さんのことを「あんな独創的な知恵と手法は官僚政治家ではできない」と褒めていましたが、角福戦争のときに宏池会はもちろん田中につきましたが、前尾さんが福田に入れたか、田中に入れたか、それはわかりませんよ。

保守本流のスピリット

平野　前尾さんや保利茂さんなどは、貧しい家庭に生まれながらも、地域の篤志家の援助で高等教育を受け、出世した政治家です。昔の自民党の政治家にはそういう人が多かったんです。彼らは貧しさの苦労や社会へ感謝する気持ちを持っていました。例えば、前尾さんは小学校を卒業したら、大阪に丁稚奉公に出されるはずだった。それが担任の先生や開業医などの援助で旧制中学や一高、東大に進み、大蔵省を経て政治家になったわけです。

その一方で、旧制高校を経験した人、例えば、椎名さんや前尾さんや福田さんは啓蒙思想だけでなくマルクスの『資本論』も学んでいます。当時、大蔵省に入った人は『資本論』を読まないと資本主義が分析できないから、みんな『資本論』を読んでいます。彼らには思想信条に殉じた友人に対するコンプレックスを持っていました。これが大正デモクラシー時代のスピリットか、と感じましたね。

佐高　貧乏のど真ん中で育った人たちですね。前尾さんや福田さんはちょうど高校時代のころに関東大震災が起きています。

平野　だから、いくら出世しようと、料亭で酒を飲んでいても、どこかに申し訳ないという気持ちがあるわけです。

佐高　宮沢喜一にも「上等にならなくてはいけない。安逸に過ごしてはいけない」という気持ちがあったと城山三郎は言っていました。

平野　共産党の衆院議員に東中光雄という人がいまして、彼は海軍兵学校の教官をやっていた苦労人でした。前尾さんが亡くなった直後、私に、

「保利元議長が他界し、前尾さんが急死して、明治生まれの自民党政治家が国会から姿を消していく。この人たちは保守本流の立場から議会政治を理解していた。君たちはしっかりその薫陶を受けてきた。しかし、これからは大正生まれの中曽根、宮沢、竹下たちの時代となる。本流の発想がなく心配だ。君たちがしっかり支えないと、日本の国会はどうなるかわからなくなる」

と語ってくれました。本流の発想とは「天は貧しきを憂えず、等しからざるを憂う」という人間平等論に基づく公正な分配要求のことです。

佐高　教養の蓄積もぜんぜん違いますよね。

平野　福田と前尾は旧制一高、東大、大蔵省とずっと一緒で、三木内閣では福田副総理、前尾議長ですから、二人で飲むことも多かったんです。前尾議長に決裁をもらおうと、私

が二人のいる料亭に出かけると、「話を聞いていけ」とよく引き止められました。あの二人は自分たちの体験を誰でもいいから人に伝えたがりましたね。

佐高　どんな話をするの。

平野　二人は浜口雄幸内閣の金本位制度のときの大蔵省入省組ですから、ずいぶん戦前の批判もしていました。大蔵次官の津島壽一からこんなことを教わったとか、それから論語の話とか。福田さんの次男が亡くなられたとき、長男が跡を継がないんだと嘆いたら、前尾さんが羨みましたよ。

佐高　前尾さんには子供がいなかったから。最初に政治家になったのが横手征夫で、その兄が福田康夫。福田康夫は意外にハト派なんですよね。

平野　ハト派というより、政治が大嫌い。だから、これはまともかもしれないと思ったことがあります。

佐高　前尾の渾名《あだな》の「暗闇の牛」というのはのっそりしているということですか。

平野　いるかいないかわからないが、いったん動き出したら大変なことになるという意味です。

佐高　前尾には『政の心』という本がありますね。

平野　これはイギリスの政治家エドマンド・バークの保守理論と東洋の語源学や十二支の

研究を土台にして書かれた本です。政治の「政」という字は「正」と「文」ですね。これを分析するところから始めて政治の本質とは何かと考えていくわけです。

自民党が保守党であるならば保守主義の本旨を明確にすべきであるということで、前尾さんと私でエドマンド・バークの『フランス革命の省察』や『政治論略』を読んだりしました。コンサバティズムを「保守主義」と訳したのは、明治憲法制定に関与した金子堅太郎ですが、これは誤訳だというのが私の意見です。福澤諭吉も「守旧主義」と似たような訳をしています。どうも日本語で保守というと、保守頑迷、古いものにこだわるといったイメージで使っています。しかし、そうではないんです。

バークのコンサバティズムは、古いものを大事にするという思考と、古いものに飽きるという思考が入り交じる存在が人間や社会なのだから、その矛盾や対立を適切に調整するやり方のことなんです。前尾さんは「伝統の上に創造を、秩序の中に進歩を」という言い方をしていました。

佐高　私は評論家の西部邁と対談番組をしていましたから、そのときバークを読まされたんですよ。フランス革命の例を出して、急激な改革はダメだというのがバークの立場ですよね。つまり、もちろん守旧派は論外だけれども、漸進的改革を否定していない。

平野　そう。バークはアメリカ独立戦争を評価し、フランス革命を批判しています。

佐高　イギリス経験主義の知恵ですね。

平野　小沢一郎は「変わらずにいるためには、変わらなければならない」という映画に出てくる言葉を好んで使っていますよ。同じ考え方です。

佐高　ルキノ・ヴィスコンティ監督の映画『山猫』。

安岡正篤というプリズム

佐高　政治家の息子で政治が大嫌いという話が出ましたが、政治家を継いだけど、辞めてしまうという人もいますよね。

平野　そういう人もいるね。

佐高　ちょっと北朝鮮がらみの話をしたいんですが、久野忠治という田中派の衆院議員がいましたね。自民党には珍しく、北朝鮮とのパイプ役だった人です。久野の息子の久野統一郎は地盤を継いで政治家になりましたが、結局、政治家なんてとても人間のやることじゃないと言って辞める。久野統一郎のドキュメンタリーを描いた小林照幸の『政治家やめます。』という本は非常に面白かった。平野さんは久野忠治と何回も会っていますか。

平野　この万年国対副委員長にはこき使われましたよ。佐藤派の隠れ田中派。久野忠治は戦前苦労した人です。

佐高　この人は北朝鮮通どころじゃない。ほとんど北朝鮮のエージェントでしょう。こういう人を飼っていたというのが面白い。

平野　それは佐藤栄作が北朝鮮の情報が欲しかったからじゃないですか。佐藤は一番警戒していましたよ、北朝鮮を。

佐高　情報を得たいから、ちゃんとそういう人を置く。何が言いたいかというと、お仲間内閣の安倍政権には誰もいないじゃないですか。

平野　そのとおり。政治のやり方も意識もぜんぜん違います。米ソ冷戦の中で佐藤はソ連側の人の情報収集に限らず、ソ連に反対する人の情報収集もやっていました。

佐高　ロッキード事件のところでも出ましたが、フィクサーの矢次一夫という人に一回だけ会ったことがあるんです。その矢次がこう言ったんです。ちょうど金日成がヨーロッパを訪問したときで、非公式でも何の機会でもいいから接触して金日成に話を聞くべきだと。つまり、外務省の役人はそれをしないからダメだと言いましたね。

平野　矢次さんはもともと大陸で活躍した人ですね。

佐高　岸のロビイストみたいな仲間ですよね。

平野　戦後、共産圏の情報を取らなかったのは、吉田元首相のせいだと思いますよ。特にスターリンと毛沢東を嫌がっていた。それに対して、蔣介石を非常に大事にしていました。

佐高　だから、日中が接近することには反対だった。

平野　中国に対する姿勢においても、自民党の大物政治家の中に二つの系統がありますよ。『論語』や漢詩など中国の古典に詳しいとか、中国に親和的な人たちと、そういう教養に興味がないとか、反共思想の強い人たちの二つに分かれます。前者は前尾繁三郎、松村謙三。後者は吉田茂、佐藤栄作。佐藤は中国の古典が好きでしたが、かなり吉田の影響を受けていましたね。松村謙三は国交のないときから日中友好に積極的でした。

佐高　私は松村謙三の評伝（『正言は反のごとし』）を書いたことがありますが、平野さんがおっしゃった二系統を見る場合に、陽明学者の安岡正篤《まさひろ》というプリズムを媒介させるとわかりやすいと考えているんです。

平野　安岡は歴代総理の指南番と言われた人ですね。

佐高　安岡という人は易学を中心にやたら漢学をひけらかしたい人ですよね。宏池会と名づけたのも安岡です。吉田茂はどうかわかりませんけど、池田勇人（元首相）、佐藤栄作、大平正芳、福田赳夫などは安岡に傾倒していた。それに対して、安岡と遠いのは松村謙三、高碕達之助（元通産大臣）、石橋湛山（元首相）、田中角栄、三木武夫なんですね。

平野　吉田も安岡とは遠かったでしょう。

佐高　ああ、そうですか。でも、吉田は安岡を利用しましたよね。

平野　吉田も安岡を嫌いだったんです。

佐高　前尾はもちろん中国好き。

平野　前尾さんは甲骨文字から語源を研究しているんですから、もう本格的ですよ。宏池会の連中が「前尾さんの趣味は語源だから」と言うと、「俺のは学問だ」と怒るわけよ。言葉の元を知るということは物事の本質を知ることだというのが前尾さんの持論でした。福田さんもエレベーターの中で「子曰く」と論語を語っていたのをよく見かけました。

佐高　麻生太郎はマンガですもんね。

平野　麻生が祖父のまねをしているのは中折れ帽とコートだけですよ。

憲法を遵守しないという病根

佐高　前尾も弟子の宮沢喜一も安岡が嫌いでしたよね。宮沢に安岡のことを聞いたら、「あの人は何なんですかね」のひと言で終わり。漢学なら自分の方が上だというような雰囲気でした。江藤淳に安岡のことを聞いてなるほどと思ったのは、安岡先生の弟子というと、右翼に対する抑えになるんだということでしたね。

平野　私が困ったときに助けてくれたのは右翼の大東塾でしたね。

佐高　大東塾の影山庄平は終戦のときに割腹した右翼ですよね。

平野　大東塾は本当の右翼だと思いましたね。その話をしましょうか。

自民党というのは憲法に違反するのが大好きなんですよ。これも自民党の病根の一つです。私たちはそれを止めるのが仕事だったんです。

佐高　衆議院事務局の仕事だった。

平野　そうなんです。一九七四（昭和四九）年の田中内閣のとき、自民党国会議員全員の賛成を得て、議員立法による靖国神社法案を国会に提出したんです。

佐高　靖国神社を特殊法人化する法案。

平野　何回出しても通らなかったものを法制局がよくチェックしているから憲法違反ではないという理由で、いわゆる靖国派の議員が中心になって衆議院の委員会で強行採決をしたわけです。本当は憲法違反ですが、前尾議長は騙されていたんです。それで、猛烈な市民運動が起こった。野党も反対しましたが、社会党の反対は大したことはなかったけどね。最終的にマックス・ヴェーバーの研究で有名な大塚久雄という学者が一高時代の同級の前尾議長を説得したら、ようやくわかってくれましてね。早速、事務局の組織を使って調べろと言われたけれど、組織が動かない。衆議院の法制局がＯＫを出した法案が憲法違反のはずないだろうと。

佐高　反逆者じゃなきゃ動けない（笑）。

平野　それで、前尾議長から紹介してもらった最高裁判事に会うと、「仮にその法案を成立させたら、靖国神社を特殊法人の公的機関にするものだから、神社の鳥居や社を取っ払うことになります。そういう事態を招いてもいいのですか」と言われた。国営の特殊法人に鳥居があれば憲法二〇条違反になると。そんなことを自民党も法制局も研究していないわけですよ。官邸も自民党執行部も困ってしまった。右翼は「何をぐずぐずしている」と騒ぎ出す。議長は委員会を強行採決で突破したものであろうと、手続きが合法の法案であれば本会議にかけなければいけない。そうこうしていたら、防衛族の三原朝雄が「大東塾の影山（正治。庄平の息子）が議長に会わせろと言ってきている」と私のところに来た。

佐高　福岡選出の防衛庁長官。

平野　彼は右翼でも話し合う右翼だから、性質は良識な右翼ですよ。

佐高　話せない右翼と話せる右翼がいる。

平野　「実は俺も貸し借りがあって、格好をつけないといけない」と三原が言う。だけど、大東塾ですからね。

佐高　一番過激なところですよね。

平野　私が議長に会わせるわけにはいかないと言ったら、俺もそう思うと。「平野君、命がけで会ってくれ」ということになった。もう仕方ない。私は最高裁判事の論旨に基づいてきちっと説明したら、確かに憲法違反になるとすぐにわかってくれました。

佐高　大東塾の影山の息子さんですか。

平野　そうです。その人が右翼に話をつけてくれました。本会議の方はどうしたかというと、会期最終日の近くまで衆議院に置いておき、衆議院本会議を通して参議院に送ったんです。河野謙三参院議長が怒りましたが、それ以外に方法はない。放っておけば時間切れの廃案になります。

佐高　なるほど。日中国交回復後だから、その法律ができたら中国は黙っていないでしょうね。そうすると、田中は突き上げられて暗殺も覚悟しなければならない。日中国交回復を実現したこととの反動かもしれませんね。

保守本流の責任

平野　なぜ靖国法案や靖国参拝問題などが起きたかというと、ポリティカル・パラドックスが起きたということなんです。

そもそも自民党は一九五五（昭和三〇）年に保守合同という自由党と民主党の合併によって結成された政党です。自由党は九条護憲派で、民主党は九条改憲派、再軍備派ですが、護憲派が改憲派よりちょっと多いくらいで、どちらも独自に政権が取れないわけですよ。

佐高　民主党の岸信介は傍流だった。

平野　岸信介は社会党から出ようかと考えたこともある。

佐高　だから、岸は「両岸」と呼ばれた。

平野　それで、最近、分析してわかったのは、保守本流である自由党が九条を守るという理屈、明確な護憲理論を策定していないことが原因だということです。なぜ作らなかったかというと、「九条問題」を明確にすると政権が取れないからです。自由党系は民主党系をちょっと取り込まないと多数派にならない。逆に民主党系も過激に改憲を主張すると、護憲派の自由党系の協力を得られない。前尾さんは自民党一党支配時代に政権交代はなかったけれど、自民党内部の右と左の振り子の原理で、事実上の政権交代があったという言い方をしていますが、私はポリティカル・パラドックスだと考えているんです。

佐高　つまり、右バネ、左バネでなく。

平野　そうです。だから、安倍政権になって憲法改悪勢力が三分の二を占めたことは、保守本流の連中が護憲の理屈を作らなかったことに責任がある。特に宮沢喜一の責任が大きいと思います。自民党の中に保守本流がいなくなってしまいました。

佐高　もちろんそうですが、あえて宮沢を弁護すれば、宏池会は戦があまり得手ではない人たちの集まりでしょう。タカ派はバカ派というくらい戦ばかりしている連中ですから、最初から勝負がついているんじゃないですか。

平野　護憲側には野中広務や後藤田正晴という戦上手がいましたよ。

佐高　それは例外的にいるだけですよ。面白いのは、中曽根と宮沢が対談した『改憲vs.護憲』という本を見ると、中曽根も初期のころは「自分は護憲だ」と言っているんですよね。

平野　昔話になりますが、中曽根総理が退陣した直後の一九八七（昭和六二）年の暮れ、親しかった与謝野馨に誘われて一杯飲んだことがあります。酔っ払った私が、「憲法九条を守ってきたのは、護憲の土井たか子ではない。過激な再軍備論を主張した中曽根さんの功績である。中曽根は護憲の神様だ」

と口を滑らせたら、翌朝、与謝野が中曽根さんにその話をした。

佐高　反面教師ということですね。与謝野は議員になる前に中曽根の秘書でしたからね。

平野　それは面白いことを言う奴だ。平野に会いたいということになったけど、私は会うのが嫌で七年逃げましたよ。その後、中曽根さんは、再軍備という言葉を使わずに、国民の総意で憲法を作るべきだという言い方に変わったんです。

佐高　中曽根には後藤田を官房長官にするくらいの懐があるわけだから、やはり安倍晋三とはレベルが違いますよ。

宮沢喜一の限界

佐高 平野さんは宮沢喜一とあまり関係はなかったですか。

平野 中曽根総理がいわゆる「死んだふり解散」（一九八六年）をする前、最高裁が下した定数是正違憲判決を受けて、公職選挙法の定数是正法案をどう作るかについて自民党の中が揉めたことがありました。前尾さんならどう考えるか、忌憚のない意見を聞きたいというので、宮沢総務会長にときどき引っ張り出されました。そのとき、私は宮沢さんに、「政治が異常な現象を起こすときには、生理的な原因で起きる場合と、病理的な原因で起きる場合の二つがある。この判断を指導的な政治家が間違えたら大失敗する。生理的な紛糾なら放っておけばいい。病理的な紛糾ならその病理に対応する治療がいる」と宮沢には発想できない理論で答えたんです。

今回の自民党総務会の混乱は生理的現象だから党議拘束をはずして自由投票したらどうか、という解決策を進言したら、宮沢さんは驚かれました。

佐高 まったく彼の発想になかったわけですね。

平野 党議拘束するから紛糾する。宮沢さんは「そういう方法があるんですか」と体を乗り出しましたよ。私を評価したのか、あなたの学歴を教えてくれと言い出した。

佐高　すぐ学歴を聞くんですよ、宮沢は。

平野　あなたに言うほどの学歴はないと言ったのですが、たって聞きたいと。仕方がないから私は大学の医科大学進学コースで理科系の勉強をしていたと言ったら、何と言ったと思います？　宮沢さんは「ほう、東大医学部中退ですか」ときた。当時は医学部に進学するには大学の教養学部を経てから医学部を受験する仕組みになっていた。法政には東京女子医大と合併して医学部を作るという構想があったんです。

宮沢さんとしては、自分の思いつかないことを考える人間は東大法学部以外なら東大医学部しかないと思っているわけです（笑）。

佐高　宮沢の反応は面白いとしか言いようがない。

平野　そう進言した数日後、また宮沢総務会長に呼ばれた私は、政治の本質は何かについて議論することになります。

佐高　宮沢さんに相当気に入られましたね。

平野　宮沢さんは「政治の本質は政策と理論だ」と主張する。私は「国民や野党を説得する力だ」と意見が対立しました。「いかに優れた政策や理論であろうとも、有権者を納得させる力がなければ、政治にならない」とさらに述べると、宮沢さんは「政治は感情ではない。理性だ」と反発したから大論争になりました。

これでは平行線ですから、私が「あなたは田中角栄や金丸信の政治活動を理解できますか」と質問してみると、当然のごとく宮沢さんは「二人の政治発想は理解できない」と答える。結局、政治は国民の感情が原点にあることを彼は理解できないんだなと判断したので、「二人の政治発想は日本人の民衆の矛盾を代表するものだから理性的なものではない。しかし、これを理解しないと、あなたは総理になれませんよ」といって論争を終えました。

自民党は集団的な慢性虚言症

佐高　田中秀征（元経企庁長官）が宮沢のブレーンになったとき、「秀征君が評価している若い政治家は誰かね」と宮沢さんに一回聞かれたそうです。そのとき、秀征が挙げたのは小沢一郎、小泉純一郎、平沼赳夫でした。三人とも宮沢に批判的な人です。

平野　小沢一郎はそうでもなかったけどね。

佐高　なぜ評価するのかと再度聞かれて秀征は、「その三人に共通する点はマスコミに媚びないところだ」と答えたら、「ふうん」と宮沢は聞いていたらしい。

いまの平野さんの自由投票にしたらどうかという話で思い出したのは、小泉純一郎のことです。やっぱり小泉は変人ですね。リクルート事件の証人喚問のときに、「テレビに映すなら、静止画像でやる」という話が出てきたでしょう。動くからテレビなのに変な話ですよ。そのとき小泉が、「本人に決めさせればいいんだ」と言った。静止画像にするか、静止画像でなくてもいいかは本人に決めさせればいいんだと、奇しくも平野さんと同じ発想です。こういう発想は宮沢からは出てきませんね。

平野　実は静止画像の案を考えたのは私なんです。これが評判悪くてね。

佐高　やっぱり、ここにも登場する（笑）。一種の防波堤を作ってあげたというわけですね。

平野　あのころの証人喚問で本人に判断を委ねて、それだったら動画でいいという議員は一人もいませんね。ロッキード事件で証人喚問のテレビ映像をあれだけ流したでしょう。それに対するものすごい反発が出たわけです。だから、議院証言法をきちんと改正するまでは証人喚問しないということを与野党が合意するんですよ。

しかし、リクルート事件が起きたとき、中曽根や江副浩正（元リクルート社長）の疑惑を解明するにはどうしても証人喚問しないといけない。それだけではなく、消費税を通すためにも証人喚問をしなければならないという事情が発生した。それで、与野党が納得する議院証言法の改正案を作れと、担当課長の私は命じられたわけです。補佐人をつけられるようにしたのはもちろんなんですが、一番問題になったのがテレビの画像だったんです。

佐高　結局、議員一人一人に主体性がないところが問題なんですよ。主体的に判断することができないから、先ほどの党議拘束をはずすという発想も持てないし、自民党集団主義に陥るわけです。小泉の発言は主体に戻れという話なんですよね。

平野　論理的に言えばそうですが、彼の場合は思いつきか、思想的にそう思っているのかはわかりませんね。

佐高　自民党の議員というのは、自民党の病の根源に関わることですが、自民党全体が同じ病気にかかっているんですね。個人がない。

平野　これは非常なる病根ですよ。集団的な慢性虚言症。

佐高　そう。まさにそれです。自民党はあるけれども、自民党議員というのがない。この集団的慢性虚言症は小選挙区制によってさらに進みましたね。

平野　悪化しましたね。この集団的な病気こそが、わが国に議会制民主主義が定着しない根源であると思います。福澤諭吉先生が言われた「一身独立して一国独立する」の精神をいまだに獲得していない。確かに、小選挙区制度は自立した選挙人でないと機能しないものです。しかし、中選挙区制度のままであればそれこそ永遠に日本人は自立しませんよ。主体性を持たないままだと思います。封建時代の民衆の中には自立した人が結構いたのに、昭和の時代に入ると自立した人がガクンと減りますね。自立心を奪ったのは教育勅語ではないかと私は考えているんです。

佐高　それは日本人の病ですね。

第四章　ロッキード事件秘録

誰が田中角栄を葬ったのか

佐高　ロッキード事件は一九七六（昭和五一）年二月五日に発覚し、同年七月二七日に田中角栄（元首相）が逮捕されて一応の決着を見ます。私が衝撃的だったのは、ロッキード事件が実は「田中角栄の事件」ではなく、「中曽根康弘の事件」だったことです。それが平野さんの分析によって浮き彫りになりましたね。

平野　田中角栄を葬った確信犯は中曽根康弘（当時、自民党幹事長）と三木武夫（同、首相）で、不作為犯的な立場にあったのが前尾繁三郎（同、衆院議長）というのが私の見解です。

佐高　不作為犯ということは犯意があったということですか。

平野　前尾さんは田中角栄を救えなかったことを非常に後悔していたんです。

佐高　そこはジャーナリズムも政治家も着目しないところですね。

平野　そう。前尾さんが、三木がやりたがり、中曽根がやりたかった衆議院解散を認めておけば、田中は救われた。解散すれば検察も踏み込みませんから。

佐高　選挙妨害という話になる。

平野　ところが、前尾さんが絶対に解散をさせなかった。ロッキード事件は前尾対三木・中曽根の側面もあったんです。

佐高　平野さんは当時、前尾繁三郎衆院議長秘書としてこの事件の裏側をつぶさに見ていたわけですが、そのへんの経緯を簡単に説明してもらえますか。

平野　事件の発端は朝日新聞朝刊に載ったベタ記事です。アメリカの議会でロッキード社が多額の違法な政治献金を行っていることが公表され、二一億円が日本の政府高官と児玉誉士夫に渡り、一〇億円が代理店の丸紅に支払われたという事実が明らかになったという内容でした。日本の政府高官に賄賂《わいろ》が渡されたことによって、防衛庁が次期対潜哨戒機としてロッキード社のＰ３Ｃオライオンを導入することになったのではないかという疑いが生まれました。

日本の政府高官として最も疑惑の目を向けられていたのが、自民党幹事長の中曽根康弘です。政界のフィクサーとして知られた児玉は中曽根と関係が深く、児玉の秘書である太刀川恒夫はかつて中曽根の書生をしていた人物で、このころも家族ぐるみのつき合いをしていることは周知の事実でした。本来であれば、この「児玉誉士夫ルート」こそがロッキード事件の本筋なんですよ。

他方、「丸紅ルート」ではロッキード社が丸紅を通じて賄賂を渡した人物として小佐野賢治の名前も挙がっていました。小佐野は田中角栄と刎頸《ふんけい》の友といわれた政商です。田中は首相のときに、全日空がロッキード社の民間航空機トライスターを導入することを決定していました。そのため、田中も小佐野を経由してロッキード社から賄賂を受け取り、ロッキード社に便宜を図ったのではないかと疑われていたんです。

この事件を徹底的に利用したのが首相の三木武夫です。クリーンなイメージで世論の支持を集める一方で、政権基盤の脆弱な三木首相の狙いは、自らの政権を支える大黒柱である中曽根幹事長を疑惑から守り、返す刀で政敵である田中角栄を政治的にも社会的にも失脚させることでした。それが政権継続のための一番の近道ということで、政治権力による謀略が展開されたんです。

「クリーン三木」の正体

佐高 そこでまず議論したいのが三木武夫という政治家の正体です。城山三郎の親友で、安岡正篤の一番弟子を自負していた伊藤肇という人物評論家に私はお世話になったんですが、その伊藤が三木のことを「樒《しきみ》の花」と評していました。葬式の花。つまり、三木は陰気な奴だと。

平野 うまいことを言いますね。

佐高 三木は「クリーン三木」と持てはやされていたわけですが、前尾繁三郎は三木のことをどう見ていたんですか。

平野　佐藤栄作内閣のときの幹事長は三木ですが、これは前尾さんの産物です。前尾さんは当初、三木がまともな人だと思っていたんですよ。田中内閣のあと、椎名裁定により三木内閣が誕生しますね。椎名裁定に関わった前尾さんには三木に対する抵抗感はなかった。むしろ椎名悦三郎さんの方に三木に対する疑念がありました。人を見る目は前尾さんより椎名さんの方がありますからね。苦労しているから。

佐高　三木は通産大臣経験者で、椎名が通産OBという通産つながりがありますね。

平野　三木総理ができると、前尾さんの評価が変わった。「とにかく三木は問題だ」と始終聞かされていました。

佐高　問題だというのは、どういう点ですか。

平野　三木は綺麗ごとばかり口にして国会を混乱させるトラブルメーカーだということです。前尾さんは自民党内のバランスや、狂いのない議会運営に絶えず気を配っていました。ところが、三木は表では過激で非現実的なことを言って、引っ掻き回すわけです。しかも、三木は政治的利害と経済的利害だけで動いていて、その言動に一貫性がない。

あるとき、「三木を昔の政治家に例えるなら誰か」と前尾さんに聞かれたので、「戦前の尾崎咢堂《がくどう》（行雄）を悪くしたような人ですね」と言ったら、「それだ！」と膝を叩いていましたね。

佐高　尾崎行雄も名前ほどには憲政の神様ではない。

平野　肝心なときに自分の理屈を並べて政党政治確立の邪魔ばかりしていましたから。

それから、前尾さんが三木を嫌ったもう一つの理由は、心情的な問題です。三木には地元の徳島に許嫁《いいなずけ》がいたのですが、森財閥の娘と関係ができて、そちらに移るんです。捨てられた許嫁は精神的に病んでしまった。前尾さんはそれが気に入らなかった。

児玉誉士夫の証人喚問をめぐる謀略

佐高　次に問題になるのが中曽根の動きです。三木は田中を追い落とすために、田中がロッキード社から賄賂を受け取ったことを明らかにする必要がありました。つまり、田中が収賄などの罪で逮捕されるか、逮捕されないのであれば、事件に関与した政府高官は田中だと氏名を公表することでダメージを与えたかった。しかし、その問題を追及すると、中曽根が賄賂を受け取ったという事実も明らかになってしまいかねない。だから、野党は真相解明のために児玉や小佐野らの証人喚問を求めていたけれども、中曽根がそれに応じるはずがないと思われていた。

ところが、事件に関してノーコメントを貫いていた中曽根があっさり証人喚問を認めた。それで、平野さんは驚くわけですね。なぜ中曽根は証人喚問を認めたのかと思っていたら、児玉の主治医である東京女子医科大学教授の喜多村孝一が、児玉は病気のために証人喚問には出られないとして診断書を送付してきた。国会が児玉を診断するための医師団を派遣してみると、やはり児玉は意識障害で証人喚問は不可能という結論になった。

そのへんの舞台裏を衆院議長秘書だった平野さんは全部知っているわけでしょう。

平野　証人喚問の出頭要請など手続きには議長の決裁が必要ですからね。

ここは時系列が大事なのでそれを言いますと、ロッキード事件が二月五日に発覚して児玉の証人喚問に耳目が集中しますね。ところが、そのときすでに児玉は雲隠れしていたんです。居場所が判明したのは一二日。喜多村教授が記者につかまり、こう発言したからです。

「児玉様の症状から判断いたしまして、証人として国会に出頭することは無理です」

喜多村教授によると、すでに児玉は自宅にて加療中で面会謝絶なのだ、という。児玉が本当に病気と信じている者は誰もいませんよ。

佐高　どうせ仮病だろうと。児玉が埼玉のゴルフ場でゴルフをしていたという目撃情報が報道されましたね。

平野　これに激怒したのが前尾議長です。翌一三日に衆院議長公邸での夕食会で、荒船清十郎予算委員会委員長が議長に「主治医一人の判断でよいのか」と聞くと、「場合によっては、国会から医師団を派遣してみてはどうだろうか」と即答しました。そして、横にいる私に、こう吐き捨てたんです。

「だいたい、児玉様と様づけして呼ぶような医者の言うことが信じられるか」

佐高　正しい（笑）。

平野　すると一四日の夜、議長宛に児玉誉士夫夫人から児玉の不出頭届けが喜多村教授の診断書とともに書留で届いた。内容はごく短いもので、「病気につき喚問には応じられない。理由は脳血栓による脳梗塞後遺症の急性悪化状態」とあるのみ。私は夜に着いたその書留を、渋谷の私邸まで持って行き、決裁させないといけない。でも、前尾さんは決裁しようとしない。

議長が決裁したからといって別に児玉証人の病状を認めるわけではない、と私が説得しても承知しない。脳梗塞後遺症の急性悪化状態とあるだけで、具体的な症状が何も書かれていないのはおかしい。おまえは医者の子じゃないか。おまえが説明しろと駄々をこねるわけです。無理やり決裁させて帰ってきましたよ。

保守本流の前尾さんにしてみれば、政治的な謀略の片棒を担がされてなるものかという気持ちがあったんです。

佐高　こんなものを了承できるかと。

平野　そう。児玉が本当に病気なのかを確かめるべきだということで、国会から医師団を派遣することを決めたのはいいのですが、医師団派遣は前尾議長に一任された。衆院予算委員会理事会の筆頭理事だった小山長規《おさのり》が、医師を誰にするか、いつ派遣するかということを議長に相談してくれと私に頼みに来ました。

佐高　小山長規は宏池会で前尾の家来。

平野　私は小山に、それはあなたの仕事で、私の仕事じゃないと言ったら、前尾さんを説得できるのは平野君だと言う。しぶしぶ私が了承して議長に話をしたら、議長は衆院事務局の事務総長に医師団を派遣しろと言う。ぐるっと回って、事務総長は私に議長の意向がどんな感じかと相談するわけです。私は衆院事務局と提携している東京慈恵会医科大学の医局にお願いしてはどうかと言いました。衆院事務局の内部の話ですから、医師団としていつ、誰が行くかという話は一部の人間しか知らないはずなんです。

佐高　特に派遣する時間についてはごく限られた人間しか知らない。

平野　そう。医師団派遣の中身が決まると、与党の中曽根幹事長の了承をもらう。つまり、宇野宗佑が国対委員長で、中曽根が幹事長でしょう。このラインしか知らないんです。

この間の経緯を時系列で言うと、こうなります。

二月五日　ロッキード事件発覚。児玉は伊豆へ保養
二月一〇日　証人喚問決定。児玉の所在は不明
二月一四日　夕刻児玉夫人名義の不出頭届けが書留で届く
二月一六日　午後〇時過ぎからの衆院予算委員会理事会で医師団派遣を決定
同日午後四時　医師団メンバーを決定
同日午後六時前　理事会にて医師団メンバーを了承
同日午後七時　医師団派遣を正式決定
同日午後一〇時前　医師団が児玉邸で診断。重症で喚問は不可能と報告

児玉に打たれた全身麻酔

佐高　医師団が児玉邸に行ったときにはまったく口のきけない状態になっていた。児玉が証人喚問されて最もダメージを受けるのは中曽根だと、当時から言われていましたね。平野さんに言わせると、自分と何人かしか知らないはずの医師団派遣を中曽根は知りうる立場だった。その医師団を派遣されたら病気がウソだとばれるから、その前に中曽根は手を打ったのではないかというわけですね。

平野　そう。あまりにも都合が良すぎる。証人喚問当日のうちに、これだけ短い時間にバ

タバタと医師団派遣が決まる中で、驚くほどに児玉の動静ができすぎているから、児玉を証人喚問させたくない勢力による謀略があったのだろうと思っていました。

佐高　真相が闇に葬られたかと思っていたら、後日明らかになった。これにはやはり裏があったわけですね。東京女子医大で喜多村の同僚だった天野恵市が『新潮45』（二〇〇一〔平成一三〕年四月号）で暴露したところによると、主治医の喜多村が児玉に強力な睡眠作用と全身麻酔作用のある注射を打ったというんですね。つまり、児玉は病気になるように仕掛けられた可能性がある。児玉の証人喚問のとき、喜多村は教授で、天野は助教授の関係でした。

平野　真実が出た、と私はびっくりしました。この暴露手記の内容は極めて重要です。ポイントとなる二人の会話を引用しましょう。

国会医師団が児玉邸に行くと決まった二月一六日の午前中、私は東京女子医大の脳神経センター外来診察室で、患者を見ていた。午前一一時に近づいた頃、（中略）私は喜多村と二人きりで向かい合っていた。（中略）立ったままの喜多村が、こう切り出した。

「これから児玉様のお宅へ行ってくる」

喜多村は、児玉を必ず「児玉様」と呼んだ。その真意を計りかねた私が訝りつつ、「これから国会医師団が調査に行くというのに、先生はなんのために直前に児玉邸に行くのですか」

と問うと、喜多村は、

「国会医師団が来ると児玉様は興奮して脳卒中を起こすかもしれないから、そうならないように注射を打ちに行く」

「何を注射するのですか」

「フェノバールとセルシンだ」

いずれも強力な睡眠作用と全身麻酔作用がある。

佐高　まさに白昼の大強盗ですね。

平野　天野さんは犯罪的な医療行為になるから止めろと言ったけれども、喜多村は「児玉様は僕の患者だ」と激怒して児玉邸へ向かうわけです。

私が問題にしたいのは、この二人が二月一六日の午前中の時点で、「その日中、国会医師団の派遣がある」ということを知っていたということです。喜多村は、国会の医師団の派遣が決まっていない一六日午前中に、すでに医師団が本日中に児玉邸に来ると確信していた。なぜ彼はそれを知っていたのか。誰かが医師団を一六日中に派遣するというシナリオを作り、指示を出したと考えるのが合理的です。その陰謀の主役は、児玉サイドと接触でき、国会運営を事実上仕切れる人物、つまり、中曽根幹事長ではなかったかという推測が成り立つ。この天野手記を見て、それは「確信」に変わりましたけどね。

佐高　その手記が出た後、天野さんと会われたんですよね。

平野　東京の神田で会いました。

私は嫌いだから児玉のことを悪く言うわけですが、彼は児玉を庇っていましたね。児玉誉士夫は巷間《こうかん》いろいろ言われるが、自分の感覚では国会の証人喚問に出て堂々と言いたい感じであったと。また彼は、「主治医を使って中曽根が児玉を殺した疑いがある」という言い方をしました。天野さんの話によると、喜多村教授はロッキード事件後、中曽根の主治医を自称するほど親しい関係になったそうですよ。

結局、田中の疑惑に関係する小佐野や丸紅関係者の証人喚問は実現しましたが、中曽根の疑惑に関係する児玉の証人喚問は実現しなかった。これが、田中首相が逮捕され、中曽根幹事長が逮捕されなかった根本の原因であることは間違いありません。

アメリカから飛んできた矢

佐高　三木も全部知っていたんですか。

平野　注射を打つとか細かいことは知らなかったでしょうが、児玉が病気を理由に出頭しないことは知っていたとしてもおかしくありません。

佐高　三木と中曽根はもともと改進党にいましたからつながっていた可能性もある。遠いように見えて、実は近い。

平野　中曽根は右っぽいことを言って人気を取り、三木は左っぽいことを言って人気をとる。そういう位置づけですね。もう一つの共通点としては、三木と中曽根は解散総選挙を断行して、民社党と手を組もうとしていたんです。彼らにはものの考え方などで民社党と共通点がありました。ロッキード事件が始まった年は、年末の一二月九日に衆院議員の任期満了となるため、いつ解散があっても不思議ではなかったという事情もあります。

佐高　民社党との連立政権を企んでいたんですか。

平野　自民党の松野頼三政調会長、稲葉修法務大臣、民社党政策顧問の河村勝などが仕組んだようです。

実は、三木は刑事訴訟法四七条但書を引用して、アメリカから得た資料の中に田中角栄の名前があれば公表する腹づもりだったんです。この条文は、考え方によっては、それを可能にするものでした。その手があったので、民社党にはその条文を使って田中の名前を公表し、政治的に抹殺するという手柄を持たせることで、自民党は民社党と連立を組む理屈をつけた。このことを教えてくれたのは読売新聞の記者です。

その密約の際、三木と中曽根は民社党に選挙資金として三億円を渡すと約束し、官房副長官の海部《かいふ》俊樹が手付金として三〇〇〇万円を持っていったという情報は海部の側近から聞きました。結局、解散しなかったから、手付金だけで済んだようですけどね。

佐高　松野頼三は福田派の後、三木派に移った男。

平野　これにはアメリカとの関係も絡んでいます。ロッキード事件の最中、アメリカのメディアから同じ日に二つのニュースが入った。一つは『ニュー・リパブリック』誌の報道で、「CIAが行う秘密工作のために、資金を移すトンネル機関としてディーク社という会社がある。（中略）ディーク社とCIAの関係は、ワシントンの諜報界で機密扱いだった。日本の極右主義者や政府高官へのロッキードの秘密工作を、CIAは承知していたと思われる」というもの。もう一つは、『ニューヨーク・タイムズ』紙で、ケネディ政権下の国務次官補ロジャー・ヒルズマンの談話として、「日本の一つ以上の政党にCIAからの資金が供給されていると知らされていた」という衝撃的な記事でした。

これに敏感に反応したのが自民党です。児玉の証人喚問がなくなったと思っていたら、アメリカから二の矢が飛んできた。特に中曽根周辺が非常に慌てます。その報道の翌日に中曽根幹事長が「CIA資金の自民党流入説は事実無根である」とし、『ニューヨーク・タイムズ』紙、ロジャー・ヒルズマン、そして『ニュー・リパブリック』誌に抗議電報を打ちました。

もう一つ候補に挙がった政党が民社党です。CIAは昭和三〇年代の三池炭鉱争議の際、共産党系の組合の影響力を削ぐために、第二組合結成の資金を提供するだけでなく、その残金で民社党を結成させ、社会党を分裂させたという話が広がっていました。国会が正常化すれば、民社党は「CIA資金」問題を蒸し返されてしまう恐れがあります。この報道があってから、民社党を除いた野党が国会正常化に向けて自民党に歩み寄りを見せたので、民社党も相当慌てたはずです。

佐高　当時の民社党は春日一幸委員長ですね。

平野　実は、記者が密約をもとに解散するという情報を私のところに持ってきたときに、法務省の安原美穂《よしほ》刑事局長が議長公邸に駆け込んで前尾さんと会っていたんです。前尾さんからすぐに来いと電話があって議長公邸に行くと、自民と民社の二党合意を斡旋《あっせん》したのも、刑訴法四七条但書の知恵を出して民社に話をつけたのも、すべて前尾だというのは本当かと安原刑事局長が詰め寄っていた。

私はたったいま親しい記者からその話を聞いたばかりだと言い、前尾さんは密約と無関係で、民社党が刑訴法四七条但書を利用してもよいことを保証しているのは、あなたの親分の稲葉法務大臣だと話したら、真っ青になって飛び出していった。ちなみに、これは民社党の河村が自分の手柄話として記者に洩らしたようです。

佐高　稲葉は中曽根派で、田中角栄と同じ新潟の選挙区ですね。

平野　初めから田中とは関係がよろしくない。

保守本流と亜流の争い

平野　あまり知られていないことですが、田中が逮捕される前日の夜、三木派と中曽根派の幹部たちが赤坂の料亭に集まり、盛大な祝宴が開かれていたんです。稲葉法務大臣も出席していた。この宴がロッキード事件の本質を表していると思います。

佐高　それは象徴的な出来事ですね。

ロッキード事件の賄賂の額の大きさで比べれば、田中の場合は民間航空機の話ですが、中曽根の場合は対潜哨戒機Ｐ３Ｃという防衛省の話でしょう。まったく桁違いの話です。三木も稲葉も中曽根幹事長を庇うという暗黙の一致があったということですか。

平野　三木は自分の政権を維持するとともに、田中を駆逐したい。中曽根は最初は自分に火の粉がかからなければいいというスタンスから、民社との連立であわよくば天下を取ろうというところまでいく。そして、稲葉は民社党を巻き込んで中曽根政権を作るという見通しを持っていた。そういう感じではないですか。

佐高さんはお金の話をされましたが、確かに主たる汚染は中曽根ですよ。でも、児玉を通して渡った金は中曽根だけでなく、自民党を支えるためのものだったと見ています。

それというのも、当時の防衛庁の久保卓也事務次官が、

「ＰＸＬ（次期対潜哨戒機）国産化の白紙還元は、昭和四七年、国防会議の開催直前、当時の後藤田官房副長官、相沢英之大蔵省主計局長が、田中首相同席のもと決めたもので、防衛庁事務当局は、そのときまで知らなかった」

と、記者会見で述べたら、即座に後藤田と相沢の二人が抗議して発言の撤回を求めるという出来事があったからなんです。

ＰＸＬの白紙還元を実質的に決めたのは、佐藤内閣です。佐藤内閣末期に佐藤首相以下、防衛族がそう決めたから、国産化をやめて、アメリカから対潜哨戒機を購入しようという話になったわけです。政権が替わって、田中首相はうなずいただけですよ。つまり、自民党の指導部が方向転換を決めたということを、この発言は暗示している。自民党全体が汚

染されているといえます。

佐高　なるほど。そうすると、保守にもいろいろありますが、前尾さんのいた宏池会はまさに保守本流です。それに対して、改進党とか国民協同党とか、そちらから保守に入った三木や中曽根といった人たちというのは、野党を巻き込んで政局を揺さぶるのがすごく好きな人たちということがいえますね。やはり保守本流は変な連中を巻き込むのは嫌なんじゃないですか。

平野　それはそうです。ただ、前尾を含めて保守本流には自民党が乱暴な政治をやったときには、やっぱりリベラルを巻き込んで政党を作るという思考は常にありましたよ。

佐高　のちに安倍晋三は第二次安倍内閣を作るとき、維新の会、つまり橋下徹に担がれることをちらつかせながら半分脅しで自民党総裁の座を奪取しますよね。そうしなければ、安倍は総裁になれなかったわけです。やはり安倍晋三は岸信介の系統だと思いました。

平野　やり口が同じ。要するに、岸は権力を活用できるポジションに常にいるという本能を他の誰よりも悪質に持っていた。政治、あるいは権力闘争というのはそれが当たり前だといえばそれまでですけどね。

佐高　大きく言えば、自民党保守には理念優先型の保守本流と、そうでない権力優先型に色分けができるということですね。保守にも違いがある。

だから、ロッキード事件というのは、自民党保守本流と亜流の争いと見ればわかりやすい。前尾繁三郎は宏池会の会長を務めた人ですが、宏池会は公明党と組むのも嫌がっていたし、全体主義に対する抵抗感も強かった。前尾が中曽根を大嫌いだったということに象徴されるように、これは宏池会イデオロギーと清和会イデオロギーの対立みたいな話になってきますね。ロッキード事件を通して自民党から宏池会の色がなくなっていくということだと思います。

平野　おっしゃるとおり。

昭和天皇の密命を受けていた前尾議長

佐高　民社党との連立はどのようにして潰れたのですか。

平野　ロッキード事件が発覚した二月から四月初めまでその真相解明をめぐって与野党が対立し、国会審議が空転します。前尾議長は懸命の国会正常化工作を行いましたが、不調に終わります。自民と民社の二党は密約に従い、四月九日に両党だけで衆議院本会議を開いて総予算を強行採決し、参議院に送付しました。両党の思惑どおりに解散になだれ込めば、田中は逮捕されることはなかった。また田中が選挙に勝って復活してくればいいということになります。

しかし、あとは解散かと思われた四月一三日、赤旗が中曽根のテレフォン・サービス発言をスクープするんです。

佐高　好事魔多し。

平野　当時、国会議員の選挙区対策として所定の電話番号にかけると、録音された政治家のメッセージが流れるという電話サービスが流行していました。そこで中曽根幹事長は自らこう語っていました。

「私は、三月のある時期から民社党と話し合いをして、四月一〇日に予算を通すという盟約を作った。（中略）この功績も責任も全部、私に帰する」

佐高　語るに落ちるとはこのことですね。群馬の自分の選挙民に手柄話をした。

平野　前尾議長に共産党が録音した中身を直接聞かせたら怒ったのなんの。

もう解散はないと見た前尾議長はすぐさま動き、憲政史上初となる前尾衆院議長と河野参院議長の両院議長による裁定を行い、国会を正常化させるわけです。ただ、これも田中にとっては悪い方に転がります。アメリカからの捜査資料に田中への贈賄を示す証拠がなかったにもかかわらず、検察が田中逮捕に向けて暴走するからです。

両院議長の裁定が成功したのが四月二一日です。これでゆっくりできると思っていたら、翌二二日の朝、前尾議長がとんでもないことを言い出すんです。核拡散防止条約をこの口ッキード国会で承認するぞ、という。なぜいまなのか。つい昨日まで、ロッキード事件による政治混乱が続き、それがやっと収まったという熱の冷めやらない状況でしょう。立法府の議長が個人の考えで特定の議案や政策を推進することにはそもそも問題があり、国会全体が冷静になる時間が必要ではないかと言ったら、「バカモン！」と大喧嘩になるわけです。

核拡散防止条約というのは、佐藤内閣のときに調印したものの、国会承認が六年間も放置されていました。それは自民党も社会党もそれぞれ推進派と反対派で党内が分裂していたからです。自民党の中に早期承認派と核武装を想定した反対派がいて、社会党の中にも早期承認派とソ連や中国の影響を受けた反対派がいました。

佐高 いわば国論を二分するような難問だったわけでしょう。

平野 歴代の政権が手をつけられなかった重要課題です。前尾議長は私に、「両院議長裁定までして国会を正常化させようとしたのは、この核拡散防止条約を二五日の本会議までに衆院を通過させるためだ！」と言い切りました。

佐高 審議せず自然成立でかまわないと。

平野 そうそう。六年も揉めてきた案件が、たった四日間で通過するはずがないと正直思いましたが、なぜか自民党と社会党はすんなり条約審議に応じ、この国会中に承認することで合意したんです。二七日に衆院で可決し、参院に送付されました。

佐高　前尾さんの執念ですね。

平野　この前尾議長の執念の真相がわかるまでに五年の歳月がかかりました。一九八一(昭和五六)年の七夕の日に、前尾さんが私に、「いろいろ話しておきたい大事なことがある」というので、久しぶりに会ったんです。そうしたら、新宿の病院を抜け出してやって来た前尾さんの言葉に絶句しましたよ。

ロッキード国会の思い出話になったとき、前尾さんが、

「解散をせず、両院議長裁定までやってロッキード国会を正常化したのは、実は核拡散防止条約のためだった。あれには、誰にも言えない背景があったんだ。陛下のご意志を活かすためだった」

と話してくれました。たいていのことには驚きませんが、これには仰天しました。

佐高　それは初めて聞く話ですね。

平野　陛下の話では、外国の元首が訪日されてお会いする機会が増え、しばしば日本が核拡散防止条約を批准していないことが話題になっていたそうです。外国の元首は昭和天皇を日本国の元首だと思っていますから、話題に上るんだと思います。唯一の被爆国でありながら調印したまま何年も放置していたことに、相当お心をいためられていた様子だった

といいます。いわば昭和天皇の密命を前尾さんは受けていた。

佐高　昭和天皇の信頼が厚かったわけですね。

平野　うん。臣繁三郎だから。

佐高　吉田茂も自らを「臣茂」と呼んでいましたね。天皇の家臣。

平野　前尾さんは終戦直後の主税局長で、占領軍の増税要求に抵抗した男ですよ。占領軍が占領費を増額させるため、税務署ごとに税金を割り当てる割当課税を指示したのに対して、前尾さんは「税金は公平でなければならない」と突っぱねたので、更迭されている。

新憲法ができるまではまだ明治憲法下の枢密院で物事を決めますね。枢密院に陪席する主税局長だから、昭和天皇の顔を知っているわけです。昭和天皇と明治憲法時代から接触のある人間としては、前尾さんと灘尾弘吉さんがいます。

佐高　前尾と大蔵省同期の福田赳夫は？

平野　彼のことはわかりません。中曽根が防衛庁長官のとき、訪米した昭和天皇がアメリカの核について容認するような話がニュースになったことがあります。それを受けて中曽根は、「昭和天皇は核武装論者だ」というようなことを常々言うものだから、なおさら昭和天皇が気にしているわけです。

佐高　頭にきているわけですね。

平野　そうそう。ロッキード国会の前年、前尾議長が昭和天皇に国会報告に行くと、あと一年で衆院議員の任期満了だから、議長任期中にどうしてもこれを承認しておけときつく言われているんです。

佐高　政治的介入ですね。

平野　そのとおりです。前尾さんには条約を承認させなければ陛下に申し訳ないという気持ちがあるんでしょう。

この思い出話では前尾さんから、

「棺《ひつぎ》の中に持っていってもらいたい話をしておきたい。田中君が逮捕される一週間ぐらい前だった。布施（健《たけし》）君（当時、検事総長）が訪ねてきて、田中君に議員バッジをはずす説得をしてくれということだった。その日、夜一〇時ごろに田中君に電話した。即座に拒否した。検察側も自信があるなら、三権の長（衆院議長）たる私に、こんな話を持ってくるはずないと思ったよ」

という話も出ましたよ。これは私も初めて聞く話でした。前尾さんは他にも椎名さんを通して田中に議員辞職を勧めたこともあったようです。三木や中曽根に解散させまいと腹を決めていたけれども、解散していたら、田中の逮捕は避けられたかもしれないので辛かったと言っていました。

佐高　検事総長が衆院議長に相談するというのもまずいですね。

平野　彼はしょっちゅう来ていましたね。前尾さんは議長をやる前は法務大臣でしたから、布施検事総長にとって法務大臣は稲葉ではなく、前尾さんだったのかもしれません。

先ほどの思い出話を裏づける話があるんです。前尾さんは田中角栄が無茶するのが非常に心配であっても、その素振りを私には見せなかった。だけど、椎名悦三郎副総裁にはしゃべるわけです。

佐高　灘尾弘吉と三人合わせて三賢人と呼ばれた。

平野　私は椎名さんにかわいがってもらいましたが、赤坂の雑居ビルにあるクラブに椎名さんの女がいましてね。同じフロアにある小料理屋の座敷で、店が終わるのを椎名さんが待っているんです。ちょうどそこは前尾事務所の連中のたまり場だったので、出会わないけれど、同じ店にいることがある。そこへ「前尾さんが椎名に、田中が心配だと話していたよ」という情報が出たものだから、僕らが調子に乗って前尾さんと椎名さんの悪口を言うわけですよ。「そんなに心配するんだったら、角栄に言えばいいじゃないか。なんだ、議長と副総裁は」と座敷に聞こえるように言う。すると、「座敷のお客さんからです」と酒やつまみを差し入れてくれるような人でした。

児玉誉士夫と渡邉恒雄

佐高　それにしても、児玉に注射を打ってまで証人喚問を阻止することは、中曽根が一人で考えたんでしょうかね。

平野　中曽根本人がどこまで関わっていたかはわかりませんが、先述したように、児玉の秘書をやっていた太刀川恒夫は中曽根の元書生ですからね。

佐高　いまの東京スポーツ新聞社の代表取締役会長です。

平野　実は、私が最初に児玉の注射の件を本に書いたとき、朝日新聞がこの問題を特ダネとして掲載することになっていた。私は取材を受け、新聞掲載用の写真も撮影しました。ところが、この記事はボツになりました。記者から「上司からの指示で掲載しないことになりました」と電話があったんです。記者は太刀川のコメントも取ろうと取材を申し込んだのですが、断られていました。私はこれが原因だとすぐにピンと来ました。太刀川から中曽根に連絡が入り、そこから朝日新聞に何らかの圧力がかかったのではないかと思いました。

佐高　児玉は戦前、海軍の児玉機関として暗躍し、膨大な資金を作りました。その資金の一部は自由民主党の創立資金として使われたと言われていますね。

平野　ご承知のように、児玉の資金は鳩山一郎に渡されますが、児玉と鳩山はつき合いがない。それで児玉は河野一郎のほうに近づく。岸信介が大野伴睦《ばんぼく》に政権を譲るという嘘八百の誓約書を大野や河野と交わしたとき、その後見人に児玉誉士夫、大映の永田雅一、北炭の萩原吉太郎が入っていますからね。河野が亡くなると、児玉は中曽根べったりになるんです。だから、中曽根の秘書をやっていた太刀川が児玉の面倒を見るようになる。

児玉というのは、CIAのエージェントと暴露されたことでわかるように、武器のエージェントです。エネルギーのエージェントが元共産党の田中清玄ですよ。

佐高　児玉の墓が池上本門寺にあるのをご存知ですか。それだけじゃない。児玉の墓の向かい側に永田雅一、少し離れて河野一郎、そして萩原吉太郎の墓もある。児玉を取り巻く人々、中曽根を支援する人々があそこに全部眠っているんです。

児玉といえばナベツネこと渡邉恒雄も関係してくるんですよね。

平野　そのとおり、さすが。

佐高　そのつながりを示すエピソードがあります。私が徳間書店を作った徳間康快《やすよし》のことを書く連載を東京スポーツで始めようとしたことがあるんですよ。この人も元共産党で、読売新聞では渡邉の先輩記者という関係です。

この連載を書くことになって、挿絵の関係もあるから一週間分の原稿をまとめて渡したんです。徳間は宮崎駿監督のジブリを育てた人なんですけど、ジブリが売れて大きくなったら、日本テレビの氏家斉一郎と読売新聞の渡邉が結託して横取りするわけです。だから、徳間康快は「俺は裏切られた」と最後に言い残して亡くなるんですよ。渡した原稿にそれを書いたんです。

そうしたら、編集担当者がこの連載は勘弁してくれと言ってきた。おそらく担当者が社主の太刀川のところに持っていったんでしょうね。後に『飲水思源』という本にしましたけど。

平野　本当のことなんですな。

佐高　もちろんです。それから、東京スポーツや九州スポーツは読売新聞で印刷してもらって配っているんです。連載前に私は太刀川に会いましたが、物腰は柔らかいですけど、底知れないですからね。そこで私は急遽、古賀政男の評伝に変えるんです。

平野　演歌の？

佐高　ええ。古賀メロディの古賀政男。それなら問題ないだろうと。

児玉と渡邉のつながりを端的に示す事件が電源開発の九頭竜川ダム開発汚職事件です。

平野　石川達三の小説『金環蝕《きんかんしょく》』のモデルになった事件ですね。

佐高　そう。九頭竜川流域で日本産銅という会社を経営していた緒方克行という人が『権力の陰謀』という本で書いていますが、ダム建設のせいで鉱山が水没することになったので、緒方はその補償を求めた。ところが、ぜんぜん埒が明かないので、思い余って緒方は児玉に頼みに行く。すると、話を聞いた児玉はこう言った。

「なんとか調停してあげましょう。中曽根さんを中心として、読売政治部記者の渡邉恒雄君、同じ経済部記者の氏家斉一郎君に働いてもらいます」

この本はロッキード事件が発覚した一九七六（昭和五一）年に出版されていて、出版社の現代史出版会というのは徳間の会社です。

それで、緒方が問題解決の運動費として一〇〇〇万円を児玉邸に届けたとき、渡邉と氏家も呼ばれて来ていました。児玉は、

「渡邉記者は中曽根を補佐して政治工作に当たり、氏家記者は経済記者として十数年来の親しい仲にある大堀（弘）電源開発副総裁との交渉に当たることになった」

と緒方に語ったという話がその本には出てきます。

平野　その関係を作ったのは大野伴睦です。私は衆議院事務局に就職する前、父の友人だった林譲治に私を預けるわけです。林譲治は内閣書記官長や衆院議長を歴任した政治家です。私は林から「政治の裏とはこういうものだ」という薫陶を受けたのですが、林譲治の口から最初に出た話が児玉誉士夫と渡邉恒雄の話なんですよ。だから、私の脳裏に強烈に

残っているんです。

ちょうどそのころ、先ほど述べた、岸首相が次の首相を大野伴睦に決めたというニセ証文の存在が新聞に暴露された時期で、林は、

「もし大野伴睦が総理になるようなことがあれば、わしは自民党を離党する。大野があのようになったのは渡邉恒雄という新聞記者によるところが大きい。大野が渡邉を児玉に紹介し、児玉からいろんな情報を取っている。児玉という右翼が日本の民主主義を悪くしていくだろう」

と私に明言しました。それはなぜかというと、大野と児玉と渡邉は麻雀仲間だった。麻雀で渡邉に小遣いをやるわけです。要するに、こんな連中は自民党を悪くする一つの拠点だというわけです。林は「政治家と新聞記者と黒幕の関係は報道だけではわからない」ということを強調していました。

もともと林と大野は鳩山一郎の書生を一緒にやった仲ですが、思想と信条は違いました。「大野伴睦や河野一郎は国を売る男だ」とまで言い切りましたよ。渡邉についても、「渡邉恒雄という記者は大野と児玉に取り入って政治に悪い影響を与えている。渡邉は必ず自民党にとってマイナスの存在になるぞ」と私にはっきり言った。林讓治は私にそう言い残して亡くなっていったんです。

佐高　岸に騙《だま》された大野は岸を恨むわけですが、岸が「肥たご（肥桶）を床の間に置けるか」と言い放ったという有名な話がありますね。渡邉恒雄は大野伴睦の番記者代表で、大野の陣笠代議士より渡邉の方が偉かったと言われたくらいですから、大野と渡邉の関係は非常に深いですね。

平野　林譲治だけじゃないんです、怒っていたのは。林たちの気持ちの中には私を衆議院事務局に入れることで、政治の浄化というものを期待したのかもしれません。

佐高　大野さんは院外団だったんだ。

平野　議員ではない応援団。

佐高　私は原敬の伝記（『平民宰相　原敬伝説』）を書いて知ったことですが、原敬が総裁のときに、原敬の院外団というか、取り巻きの一人が大野だったんです。年の暮れに金を渡すでしょう。金をもらいに大野は三回来るんだそうですよ。そんな奴は大野だけだという話があります。

平野　金の集め方が汚かったようですね。

佐高　一つだけ大野を弁護したいのは、共産党の野坂参三の件です。まだ中国と国交を回復する前、戦後初めて野坂が中国に行こうとするときの話です。もちろん外務省はビザを出しませんから、困った野坂が大野のところに駆け込むんです。

平野　それは筋を知ってますな、ちゃんと。

佐高　自民党の若手議員から猛反発を受けると、大野は、「思想的にアカでない人間を中国にやるのは心配だが、アカの野坂君をアカの国に旅行させても、これ以上アカにはならない。格別、中国行きを騒ぐ必要はないよ」と説得したんです。だから、行かせてやれと。

平野　生きた人間の知恵ですな。

佐高　当時の政界や社会では反共的であることが処世の術になっている時代にこう発言できるわけですからね。その話は『大野伴睦回想録』に出てきます。これが抜群に面白い。そのゴーストライターがナベツネです。だから、まずい話は書いていない。

平野　佐高さんが大野伴睦の弁護をするとはね（笑）。

政治家の金玉を握るナベツネ

平野　私も渡邉と妙な縁があります。一九九五（平成七）年前半、新進党内部は羽田グループと海部・小沢執行部の間に抜きがたい亀裂が生じていましたが、そのころに渡邉と氏家に呼ばれたんです。案内役は熊谷弘（元衆院議員）。細川元首相もいました。一番町の日本テレビに行くと、VIPの部屋があり、そこでフランス料理をご馳走になった。話の中身は「小沢から離れてくれ」というわけです。

佐高　熊谷が小沢から離れたあとですか。なるほどね。

平野　熊谷の知恵じゃないですか。あなたたちが平野を口説けと持ちかけたんだと思います。困ったなと思っていたところに電話が入った。誰からだと聞くから、小沢だと答えたら、話はそれで終わりました。

小沢の用件は、電通にいた中西啓介の息子が覚醒剤で捕まったから対応してくれないかという話だった。

佐高　中西啓介は議員というより、ほとんどホストみたいな男ですね。田中角栄の秘書で女帝と言われた佐藤昭と噂がありました。

平野　佐藤昭だけじゃなかったけどね。

それからしばらくして、一九九七（平成九）年の二月、読売新聞と日本テレビが共同で新進党について世論調査を行い、「小沢党首は辞任すべき」との意見が圧倒的多数だという結果を発表しました。私はこれを読売グループによる小沢党首追い落としの謀略と読んだんです。私はそのころ参院議員でしたから、議員宿舎の記者懇談会で酔ったふりをして読売新聞の記者に、

「渡邉社長に言っておけ。政治に対する不正当な報道は許さん。若いころの問題行動を公

表するぞ」

と言ったら、これが正確に伝わったんですね。渡邉が私を名誉毀損で訴えると、クレームがついた。本気になって読売新聞の法務部が動き出したんですよ。「結構だ。ナベツネ物語を裁判所で言おう」と裁判の準備をしていたら、小沢一郎から呼ばれ、「平野さんは私のためによくやってくれている。しかし、ちょっとやりすぎて困ることもある。中曽根さんから心配して電話があったんだ。渡邉社長と平野君が裁判をして得なことは何もない。平野君が挨拶に行って、仲直りをするように頼んでくれという話だ。私の顔を立ててくれないか」と言う。

わかりましたと言うしかないですよ。

佐高　親分からそう言われては仕方ない。

平野　翌日、読売新聞の社長室に行くと、渡邉は喜んでくれました。読売本社の周りを右翼が街宣しているので、うるさいなと思っていると、あれは野中広務がやらせているんだと言っていましたね。ちょうど渡邉は橋本内閣の行政改革会議のメンバーで、意見書を提出することになっていたので、それを手伝わされました。

佐高　それで手打ちをしたんですね。

私も渡邉と会っています。『月刊現代』の対談に載せるために、「渡邉に会えないか」と作家の高杉良さんに頼んだら、口を利いてくれたんです。俺のことをめちゃくちゃ批判している奴に、どうして俺が会わなきゃならないのかと、渡邉が怒ったらしい。対談の前に取りあえず会おう、対談は改めて読売の本社に来いということで、まずホテルオークラの「山里」で会いました。最初から最後まで猥談でしたね。

平野 猥談を上手にするというのは才能ですね。

佐高 ただ渡邉恒雄というのは、やっぱりうまいですね。人を籠絡《ろうらく》するために自分の恥部をさらけ出す人です。私と対談したとき、

「今日初めて明かすんだけど、実はいまの女房と結婚する前に僕には惚れた女がいた。山本富士子がミス日本になったときのミス静岡なんだけど、その娘と婚約してね。その仲人をしてもらおうと、熱海にいた石橋湛山に頼みに行ったんだ。石橋さんの選挙区は静岡だったからね。それで湛山から、仲人をしてもらう約束を取りつけた。

だけど、いまのかみさんに会って変わっちゃった。それで仲人を石橋に頼むわけにはいかなくなったから、宇都宮徳馬に頼んだんだ」

と言うわけですよ。

平野 それは面白い。

佐高 渡邉は「あなたにするのが初めての話だ」と言っていたけど、初めてじゃないわけ

ですよ。そう言って距離を縮めるわけですね。渡邉は男の政治家に会うと、いきなり金玉をつかむらしいじゃないですか。「まだ元気かね」とやる。それでふっと近づく。一種のサービスですね。

平野　パターンがある。私もナベツネの言うことを聞いていたら、少しは銭が貯まっていたかもしれない（笑）。

佐高　その後、またナベツネを批判したら、ちょうど清武（英利）の乱が起きたので、彼の味方をして清武と共著を出しましたよ。渡邉の腹心だった男です。

平野　あなた、おいしいところにいるね（笑）。

佐高　それは平野さんでしょう。

中曽根政権時にあった首相案件

平野　私も初めての話をしましょうか。ロッキード事件に関連して中曽根の話です。安倍政権の森友・加計問題の疑惑の中心となった首相案件ですが、実際に首相案件というのはあるんです。中曽根政権時代にあったんですよ。

佐高　それは面白い。

平野　安倍首相は首相案件などというものはないと言っているけど、だいたい各省には大臣が勝手に使っていい枠を持っているんです。

佐高　予算を持っている。

平野　私の田舎の高知県に宿毛湾《すくも》というのがあるでしょう。ここは戦前、帝国海軍が演習に使うようなところで、連合艦隊の軍艦が全艦入るような深い湾なんです。私らが子供のころ、沖で戦艦大和が試運転しているのを見たことがあります。

一九八二（昭和五七）年、中曽根が政権を取ると、公共事業一律一〇％カットを打ち出し、これを厳しく行いました。ところが、高知県としては宿毛湾の整備をやってもらいたいということで、当時の中内力《つとむ》知事が谷中の全生庵の住職を通じて中曽根に頼んだ。すると、宿毛湾の整備だけは一〇％カットをしないで、中曽根の首相案件としてさらに一〇％つけてくれた。大蔵省がカットを除外したのは全国で宿毛湾の公共事業だけだそうですよ。

それで私が参院議員になった翌年（一九九三年）のことですが、大蔵省の中島義雄主計次長が来て、私に頼みがあると言うんですよ。来年、中曽根がつけた宿毛湾の整備が終わる。ついては、あのときはどさくさで事業の名前と目的がない。事業の名前と目的をつけないと事業を終えられないというわけです。

佐高　すごい。首相案件は名目なしで通っちゃう。

平野　首相案件というのは昔からあるんですよ。だから、あなたが中曽根さんに会って、それを聞いてくれないかという。でも、私は因縁があるから、それは嫌だと言った。責任は私が持つから、問題にならないような名づけ方をしておこうということにしたんです。
　そうしたら、自民、社会、新党さきがけ三党による自社さ連立政権ができることになって、私が小沢の代理で中曽根に会うことになります。

佐高　一九九四（平成六）年六月のことですね。

平野　中曽根が首班指名の直前に記者会見して、「社会党委員長に投票することは、国益に反する挑発的な行為だ。私は海部俊樹氏を支持する」と発言したでしょう。これで海部票がグンと減ったと言われている。その結果、社会党の村山富市が首班指名されて総理となり、自社さ連立政権が誕生するわけです。
　それ以前に中曽根は小沢に、「俺は海部に入れる」と伝えたらしい。首班指名が終わった次の日に私は小沢に呼ばれて、本来は自分が中曽根さんにお礼を言わなければいけないところだが、いま会えば誤解を受ける。誠に悪いけど、あなたの〝大嫌いな人〟かもしれない中曽根に礼を言ってくれないかという。私もそれを断る理由がないからね。電話したら、中曽根事務所は大歓迎ですよ。
　ちょうどいい機会だから、その首相案件の話を聞いてみた。あなたのおかげで始まった私の故郷にある宿毛湾の整備事業が本年度で終わります。事業名と目的は中島主計次長と二人で処理したけれども、念のためにその意図を教えてくださいと言ったら、これがいい話だった。

彼は戦争中、海軍主計少佐でしょう。だから、年に一回は必ず海軍基地のある宿毛湾に行ったそうです。宿毛の片島という地域にすごく立派な遊郭があり、中曽根の馴染みがいた。ものすごく立派な女性だったそうですよ。主計少佐だから前線で死ぬようなこともないけれど、いつ戦死してもいいという覚悟の自分をその女性が癒やしてくれたと言うんですよ。縁があった彼女を思い出して、予算をつけたと。

こういう首相案件もあるのかと、私は感心しました。当時、国際的に交流できるような港になったことで、私はそこに国連軍のＰＫＯ訓練センターを置くという構想を持っていました。

ちょっとまた余計なことを言いますが、中曽根元総理の九三歳の誕生日祝いを開いた場所が向島の「櫻茶ヤ」なんですよ。一人一〇万円ぐらいするんです。

佐高　向島で一番大きい料亭ですね。

平野　村上正邦（元自民党参院幹事長）が中曽根さんの誕生会に来てくれと言うから、私は嫌だと答えました。すると、おまえが顔を出せば、小沢の名代とみんなが思うから頼むという。私は歌も歌わない、挨拶もしないという条件をつけたら、それでいいと村上が言う。中曽根元総理は足の加減で低い椅子に座っていた。その周りを自民、民主問わず、五〇人ぐらいの参加者が囲みました。

宴もたけなわのころ、何かしゃべってくれと村上が言う。この野郎と思ったけど、この首相案件の話をしたんです。馴染みのお女郎さんの件に入ると、突然、中曽根がスクと立ち上がった。そうしたら、村上が中曽根さんのナニが勃ったと囃し立てたから、みんなが大笑いしてね。中曽根はそれは上機嫌でしたよ。

佐高　中曽根がらみで思い出されるのは、作家の小島直記です。城山三郎のちょっと先輩の小島に私はかわいがられたんです。中曽根が首相になって防衛強化を叫んでいたとき、私が「主計というのは前線に出ないから勝手なことを言うのだ」と中曽根を批判したら、小島さんから絶交状が届いたんです。

平野　ほう、絶交状。

佐高　しかも、速達で。墨痕淋漓《ぼっこんりんり》の絶交状です。小島直記も海軍主計なんですよ。俺は亡くなった戦友に代わって、おまえをぶん殴りたい気持ちだと書いてあった。その後、小島との関係は修復したんですけど、昔気質の人はすごいもんだなと思いましたよ。

それともう一つは、私は『俳句界』という雑誌の対談をもう一〇年以上やっていますが、オーナーが中曽根さんも俳句をやるから対談に登場してもらうのはどうかということになった。

平野　中曽根さんはなかなかいい俳句を作っていますよ。

佐高　村上正邦は中曽根の子分だから、村上にその話をしたら、「俺が口利いてやるよ」と言ってくれました。もう五、六年前のことです。今度、中曽根がしゃべる会が明治神宮であるから、そこで中曽根を紹介するという。私も中曽根のことを批判しまくっているので会いたくなかったけど、『俳句界』がらみで会いに行ったわけです。控え室に入ると、真っ黒い服を着た人たちがたくさんいた。敵意のまなざしがワッと来るわけですよ。

平野　宮崎学だったら味方だけれど。

佐高　村上が遠くから「ああ、佐高さん」と声をかけてくれて、「佐高さんは左だけどいい人だから」と続いた（笑）。「後で秘書に言っておくから」と中曽根は受けてくれそうな雰囲気でしたが、秘書の反対で流れた。村上にせっかく紹介してもらったけどダメだったと告げたら、中曽根も度量が狭いなとか言っていましたけどね。

第五章　自民党の利権を解剖する

——リクルート事件、佐川急便事件

国鉄の分割民営化は利権の再分配

佐高　先にロッキード事件を取り上げました。ロッキード事件というのは、誰もが知っている有名な事件ですが、実は田中角栄の事件ではなくて、中曽根康弘の事件である。対潜哨戒機P3Cの導入をめぐるもっと大きな金が動いている。それにもかかわらず、田中角栄の事件というように矮小化して変質してしまったという経緯を見てきました。

ここでは、リクルート事件や佐川事件という具体的な事件に入る前に、その前提にある自民党の利権に焦点を当てて話をしてみたいと思います。

例えば、国鉄分割民営化や郵政民営化というときに、一般的には何をどう改革するかという話しかしませんが、裏側から見れば利権の争奪という側面があるわけです。国鉄も郵政もどちらも田中派の利権だった。一九八五（昭和六〇）年二月に田中角栄は脳梗塞で倒れますが、田中の影響力がしだいに薄まるにつれて、国鉄の場合にはそれに中曽根が手を突っ込み、郵政の場合には経世会を立ち上げるために金丸がそれを奪取するという動きが見てとれるわけです。そのへんについて平野さんはどう見ていますか。

平野　率直に言いまして、同じ民営化ですけれども、国鉄と郵政の二つの民営化は分けて考えた方がいいと思います。両者は性格が違うんです。

国鉄は典型的な民営化です。中曽根行政改革の中で行われたものですが、佐高さんがおっしゃったように、これは民営化という名の利権の再配分だと思います。ただ、地域が広いですから、その利権は派閥に分散される。その中で国鉄の民営化で特徴的なのは国鉄労働組合が一番影響を受けたことです。つまり、社会党が最も影響を受けた。

どういうことかといいますと、社会党が衰退した原因は三公社五現業の民営化にあったと私は考えています。三公社五現業のメインは国鉄です。だから、国鉄を例にしますと、当時の国鉄職員は公務員と同質です。公務員の給与を決める人事院勧告は春闘相場の影響を受けますから、景気のいいときには公務員の給与もいっぱい上がる。確か、仲裁裁定という制度で決めていた。そうすると、組合員はアップした給与の五％くらいを国鉄労組に上納したんです。だから、国鉄が民営化した途端にその上納金がなくなる。社会党を中心に資金的に窮屈になるわけです。

佐高　中曽根が国鉄の分割民営化の目的は社会党潰しにあったと、あとで白状していますよね。

平野　私もこれは国労潰し、社会党潰しだったと思います。郵政の方は労使関係が非常に良かったですから、影響は少ない。

国鉄は巨大な利権だから一回で処分できない。また、国鉄の資産には地域性があるから、徐々に地域の利権に分散していったのではないでしょうか。国鉄の分割民営化を行った当時の運輸大臣は三塚博でしたから、どのように分散したかは三塚の力が大きかったと思いますよ。民営化によって田中角栄の影響力もほとんどなくなったでしょうね。

佐高 もともと国鉄の利権は、佐藤栄作が鉄道省出身ということで、佐藤栄作のいわば天領でした。それが西村英一、橋本登美三郎《とみさぶろう》、細田吉蔵へと受け継がれていく。佐藤は田中角栄を警戒し、国鉄の利権には手を出させなかったと言われています。佐藤の代理として西村や橋本が動いていた。その西村や橋本を取り込む形で、佐藤派を継承した田中は佐藤の国鉄利権の大部分を引き継ぐわけです。ただ、運輸族の細田吉蔵は角福戦争で福田派につく。その流れで三塚が出てきます。

それと、そこに中曽根がどのように食い込んでいったのかという話ですね。

平野 そういうことですね。中曽根と三塚との協力関係もありますよ。それから、国鉄を解体することは私鉄や民営バスにも影響を及ぼすでしょう。そのへんで政商の小針暦二が中曽根と三塚の間で上手に立ち回っていくわけです。

佐高 福島交通の乗っ取りですね。小針の資金が金丸に流れ、また安倍に流れて分かれているのはそういうことだったんですね。ご存知でしょうが、「赤プリ会」というのがありましたね。運輸族の議員と国鉄総裁、運輸次官などが赤坂プリンスホテルに集まって話し合う連絡会です。その会に出る議員は加藤六月、三塚博、小此木彦三郎、鹿野道彦、細田吉蔵、長谷川峻で、中曽根派の小此木を除けば、すべて安倍派でした。

平野　福島交通を乗っ取った背景には中曽根さんの行う国鉄分割民営化を展望してのことだと思います。

土佐勤王党と水戸天狗党の争い

佐高　平野さんは小此木とは親しかったんじゃないですか。

平野　小此木さんは議院運営委員長をしていたこともあって、とても縁がありましたね。彼は中曽根派だけど、隠れ竹下派ですね。

佐高　隠れ田中。小此木の秘書をしていたのが、いまの官房長官の菅です。

平野　小此木さんの父親は横浜の湾岸を仕切っていた人ですから、ヤクザに近かった人です。奥さんは名古屋の親分の娘でしたが、なかなか素晴らしい女性でしたよ。運輸大臣をした関係でそれなりの運輸利権を持っていましたけどね。

佐高　利権的な話はなかった。

平野　そうですね。海部内閣で政治改革特別委員長のときに、小此木さんは転んで急死するんです。海部首相は政治改革法案の成立に向けて意気込んでいましたが、リクルート事件の反省も薄れ、政治改革に政治生命を賭けようとする小沢一郎や羽田孜は熱に浮かされた病人だと批判を受けていました。自民党内では梶山静六国対委員長が政治改革反対派の急先鋒で、小此木さんは羽田や梶山と親しく、板挟みとなっていた。ちょうど小沢は入院中でしたから、法案成立は難しいとしても、法案を継続審査にして残すシナリオを私が彼のために書きました。そうしないと、小此木さんの顔が立たないわけです。そこへ梶山が「俺は水戸の天狗党だ」と怒鳴って妨害するのです。

佐高　自分で天狗党だと言ったんですか。

平野　そうです。土佐の勤王党が突っ張るものだから梶山は、「小沢と羽田と君は、水戸藩の書生派だ。政治改革といって自民党を潰す気か。小此木に知恵をつけているのはおまえだ。関連法案を廃案とする文書を書け！」と言った上に、梶山は「小此木に見せる前にそのシナリオを見せろ」と言うから、私は、「陸軍士官学校を出て、もののけじめがわからんのか。私は自民党の職員じゃないぞ。それほど信用できないのか」と怒鳴り返したわけです。そうしたら、カンカンに怒ったね。面白かったですよ。

佐高　土佐勤王党と水戸天狗党の争い（笑）。

平野　小沢や羽田と私を一緒にしないでくれと言いましたけど、この一件も原因で結局、私は事務局にいられなくなるわけです。与謝野が中に入って、「平野さんが小此木に見せる前に、あなたに見せられるわけがないじゃないか」とその場は収まりました。その直後、小此木は亡くなるんです。私が届けた土佐の新高梨という梨を「うまい、うまい」と食べたあと、その足で梶山国対委員長のところへ打ち合わせに行き、その帰りの議員会館の階段で滑って、頭を打って死んじゃうわけです。

佐高　階段で滑って亡くなる年でもないでしょう、まだ。

平野　打ち所が悪かったんでしょう。二回ぐらい海外調査に小此木さん夫婦と一緒に行く間柄でした。『鬼平』のファンでしたよ。

佐高　池波正太郎のファンなら、いい人です。

話は戻りますが、田中角栄と長いつき合いがあった人に細井宗一という国鉄の顔役みたいな人がいましたね。国労の中央執行委員で、のちに社会党の議員になった人です。彼が国鉄の分割民営化をストップするように動きますね。でも、その動きは潰される。宮沢喜一に『社会党との対話』という本がありますが、宏池会や田中派というのは、野党の社会党ともちゃんと話をするという態度がありましたよね。それが福田派や中曽根になると、そういう態度はない。

平野　そのとおりです。やっぱり、国鉄というのは昔の鉄道省ですから、強力な官僚主義の岩盤というものがあって、田中さんほどの人でも手を出す限界があったと私は見ています。それから、ご承知のように国鉄総裁になるような人物は政治家より力を持っていましたね。大蔵事務次官をやった高木文雄さんとか、十河《そごう》信二さんとか。

佐高　城山三郎が描いた『粗にして野だが卑ではない』の主人公の石田礼助は議員を叱りつけたりね。

平野　私も園田副議長の秘書のころ、陳情に国鉄の役員のところへ行ったとき、国鉄は他の企業体と違うと感じました。堅いというか、権威主義的なものがありましたよ。

佐高　運輸省や大蔵省出身の官僚がトップになるわけですから、企業体質も似てくるということでしょうね。

平野　国鉄の民営化で一番裏で活躍したのは後藤田さんです。国鉄改革の特別委員会を作ったのは後藤田さんですから。秋に本格的な法案を審議するのに三月ごろから後藤田さんは衆議院事務局の事務総長に、「国鉄改革がうまくできるシミュレーションをしておけ」と命じていたんです。後藤田さんは内務官僚出身ですから、衆議院の事務局なんていうのは、内務省の手先だというくらいの感覚だったんでしょうね。

佐高　自分の手下。

平野　内務官僚の独特の感覚。

郵政の民営化は小泉・野中戦争

佐高　郵政の民営化はいかがですか。

平野　郵政改革のポイントは、どちらかというと、お金よりも票ですよ。特定郵便局長の票田の奪い合いだと見ています。

佐高　小泉純一郎というドン・キホーテみたいなものが現れた。

平野　それはアメリカの要請ですが、票の奪い合いに関しては、小泉対金丸信というより小泉純一郎対野中広務なんですよ。

佐高　つまり、小泉・野中戦争なんですね。

平野　そのとおりだと思います。

私が実際にそれを経験したのは初出馬した選挙です。一九九二（平成四）年七月の参院選で高知地方区から保守系無所属で出馬したとき、特定郵便局が応援してくれたんです。たまたま、四国の特定郵便局長の連合会長の松尾さんという人が私の親戚だったので、割合スムーズに応援を得られた。しかも、ＮＴＴまでもが乗ってくれました。ただ、応援のやり方が違う。ＮＴＴや郵政の本局は松山市にありますが、そこから来るのではなく、わざわざ東京からＮＴＴの課長クラスが松山に来て私の選挙応援の指図をするんです。面白いと思いましたね。

佐高　そのとき、平野さんは郵政民営化に待ったをかけた方ですか。

平野　そのころはまだ郵政民営化の議論は本格化していませんでした。ただ、郵政改革という話は出ていました。

小沢一郎が「本格的な郵政改革を一緒にしないか」というので、その呼びかけに応じて、郵政省の官房長、ＮＴＴの秘書室長、通産省の局長、参院議員の私の四人で郵政改革案を作ったことがあります。自分で言うのも何だけど、画期的な案でしたよ。

郵政改革の問題は大きく二つあります。一つは郵政の金をどうするかという問題。もう一つはこれからのグローバル化に郵便局がどう対応するかという問題です。

そのときに私たちが作った案は全国の特定郵便局を光ファイバーでつないで情報ハイウェーを作ろうというものです。田舎でもどこでも特定郵便局に行けば国会中継などがすぐ見られる。国会図書館などの情報がすぐ取れる。情報の伝達・取得を全国で平等にするというアイデアです。二〇兆円を使って一〇年間でそれを実現する。本部は東京と京都に置くとしていました。特定郵便局は山奥にもあるから、林道のような悪路を整備する費用も二〇兆円には含まれています。光ファイバーを敷くと同時に、道路も整備する。過疎過密の平準化に資するものです。いまでもこの案はとてもいい案だと思いますけどね。

佐高　小泉の郵政民営化論の一つの論拠は、郵政の金が全部財政投融資の方へ行ってしまうというものでした。大蔵省の陰の財布になっているという論拠でしたね。

平野　そうです。民業の圧迫、つまり、銀行を圧迫しているからという理由です。加えて、郵政の金を国際的な投資にシフトしていかなければいけないということです。アメリカの要請を受けているわけです。

佐高　しかし、どんどん小泉の論拠は崩されていき、最後は郵政民営化は必要ないというような状況になっていましたね。

平野　郵政民営化の法案を通したときには、私はすでに引退していましたが、それまでは小泉のやり方に反対して、穏健な郵政改革をやろうという議員連盟の副会長をやっていました。これは社会党とも一緒でしたよ。

佐高　もちろん、私も小泉の郵政民営化には反対派の急先鋒でしたが、小泉人気はすごかったでしょう。時の人気者の小泉を批判すると、メディアから干されましたからね。

リクルート事件の核心はNTT

佐高　さて、リクルート事件です。リクルートの創業者だった江副浩正が関連不動産会社のリクルートコスモスの未公開株を、政治家、官僚、財界人にばら撒き、それが贈収賄罪に問われた事件です。この事件は、一九八八（昭和六三）年六月一八日に、川崎市の助役がその未公開株を譲り受け、売却益を手にしていたという朝日新聞のスクープで発覚しました。ちょうど竹下政権のときで、竹下登、中曽根康弘、安倍晋太郎、宮沢喜一、渡辺美智雄、藤波孝生、森喜朗、加藤紘一、加藤六月、それに公明党はじめ野党の議員、労働官僚、NTT元会長の真藤恒などが本人、家族または秘書名義で取得していたことが判明したわけですが、この事件の核心はNTTですよね。

平野　そのとおりです。中曽根政権では、ご存知のように、アメリカとの経済摩擦が問題になります。レーガン大統領はアメリカの対日貿易赤字を減らすためにもっとアメリカ製品を買え、と強く要求してきました。アメリカは対日輸入規制を含んだ報復措置も辞さない構えだったので、アメリカのスーパーコンピュータを買わなければいけないということになったんです。

佐高　アメリカに本社のある日本クレイ社の一四〇、五〇億円もするスーパーコンピュータですね。

平野　そうです。時間の経過を示せば、レーガン元大統領からの要求が中曽根元首相のところへ来る。中曽根の指示を受けた左藤恵元郵政相が真藤元会長に、NTTに割り当てられていた対米調達実績を拡大するように要請する。それで江副がアメリカ製のスーパーコンピュータを購入するという流れなのです。

最終的に江副は贈賄罪の有罪判決を受けますが、検察のストーリーと江副の主張には食い違いがあります。検察の主張がほぼ公判事実になり、リクルートは日本クレイ社のスーパーコンピュータの購入にあたって、NTTの真藤元会長に依頼し、その謝礼として未公開株を譲渡したというストーリーで贈収賄の有罪になったわけですが、江副はもともと富士通のスーパーコンピュータを買う予定だったんです。しかし、アメリカの対日貿易赤字の問題があるからアメリカのスーパーコンピュータを買ってくれないかというNTTの真藤元会長の依頼を受けて、江副はそちらを買ったというのが事実です。

ところが、公判では、そうした事実は明らかにならなかった。どうしてかというと、NTTが購入し、リクルートに転売したという単なる素通しであったと江副が公判で証言すれば、日米貿易摩擦が再燃すると、NTTの弁護士がリクルート側に懇願したからです。そこで、江副は偽証を覚悟で、公判では明らかにしないと腹をくくったと、自著『リクルート事件・江副浩正の真実』で語っています。

つまり、佐高さんがおっしゃったように、アメリカの会社と中曽根元首相とNTTというアメリカのスーパーコンピュータをめぐる疑惑が中心にある事件なんです。

逮捕許諾が出る寸前だった中曽根

佐高　ＮＴＴの真藤はリクルートの江副のことを「本当の意味の起業家」「ＮＴＴにもああいう人がほしい」とべた褒めする関係でしたね。

平野　私がそう主張するには証拠というか、裏付けがあるんですよ。リクルート事件のときに私は衆議院事務局の総務課長で、内閣が衆院議員の逮捕許諾を求めるときの窓口でした。

佐高　国会の会期中、議員には不逮捕特権がありますね。逮捕するには所属議院の許諾が必要になる。そのときの窓口が平野さんだった。

平野　逮捕の前には捜査がありますね。逮捕許諾の要求書が出されてから準備するようでは事務局として遅いですから、捜査段階からいろんな情報が事務局に集まってくるということです。

実は、総理経験者を捜査の対象にするには一〇億円以上の収賄という基準があります。一〇億円以上の贈収賄の疑いが確実だということになった場合に、事前に私たちに相談してくるんです。野党はこぞって中曽根元首相の証人喚問を要求する。竹下首相はそれを拒否する。その裏で中曽根前首相と竹下首相の間で壮絶な権力闘争が繰り広げられている。

そういう状況の中で、法務省が逮捕許諾の準備を始めたんです。

佐高　それは中曽根に対して？

平野　そうです。朝日新聞の記者が「前首相への疑惑額が一〇億円を超えた」という司法記者クラブの情報を私に持ってきました。議長に逮捕許諾の要求書が提出されると、議長はそれを議運にかけて秘密会議を開きます。いつ中曽根元首相の逮捕許諾要求が来るかわからないから、阿吽《あうん》の呼吸でこちらはその準備をしなければいけない。私は担当課長だから。

佐高　それは秘話ですね。中曽根に逮捕許諾が出る寸前だったなどという話はいままであまり出ていないでしょう。

平野　あまりに失礼な話になりますからね。

佐高　田中角栄のときは五億円でしたが、中曽根の一〇億円というのは、基準額が上がったということですか。

平野　基準の額が上がったのかもしれないし、スーパーコンピュータの額が大きいからかもしれませんね。スパコンは周辺機器も八〇億円もするらしいですから。

佐高　逮捕許諾要求の準備をしたのはいつぐらいですか。

平野　一九八九（平成元）年の三月です。中曽根さんと懇意だった真藤恒ＮＴＴ元会長が逮捕されたあとのことです。

人のつながりで多少検察サイドの情報が入りましたから、その前年の一九八八（昭和六三）年一〇月の段階で、検察はリクルート問題を、伊藤栄樹元検事総長の弔い合戦だという意気込みでやっているという話が入っていました。ねらいは中曽根元首相で、すでに藤波孝生の秘書の事情聴取もしているという噂も私のところには来ていたんです。伊藤栄樹の「巨悪は眠らせない」の「巨悪」とは中曽根さんのことでしたから。

佐高　かなり準備したわけですか。

平野　ええ。逮捕許諾についての勉強会もやりました。小沢一郎内閣官房副長官から「捜査の展開に応じて国会の審議や政局の動きがどうなるかについてのシミュレーションを作れ」という難題も持ち込まれましたよ。主な三つを挙げます。

・中曽根前首相を除く複数の国会議員が在宅起訴され、捜査が終わるケース
この場合は、中曽根前首相の証人喚問での紛糾が続き、総予算成立までに大幅な会期延長が必要になる。

・中曽根前首相を除く複数の国会議員が逮捕・起訴され、捜査が終わるケース
この場合は、中曽根前首相の証人喚問の実現に見通しをつけなければ総予算の成立は

難しい。
・中曽根前首相が在宅起訴され、捜査が終わるケース
この場合は、野党は解散を要求してくる。政局は混迷する可能性が高い。

佐高　中曽根も危ないというのは感じていたわけですね。

平野　もちろんです。中曽根派では、当時の前田宏検事総長以下リクルート関係の検事のスキャンダルを探させていたようですね。それで検察が頭にきていました。同じようなことが造船疑獄でもあったと聞きましたよ。

佐高　中曽根の証人喚問を拒否するほかにも、そんな動きをしていたんですか。

平野　もう泥仕合です。竹下首相は中曽根を守らないということで、竹下派と中曽根派の権力闘争になり、中曽根派は自民党を割ることも視野に入れていました。幹事長の安倍晋太郎は中曽根さんのことが嫌いだし、竹下の後継は自分という路線も固まっていましたから、竹下首相の側についた。

そうしたら、中曽根派のタチの悪い議員が安倍晋太郎攻撃に出る。一九八九（平成元）年の四月に、晋太郎さんの奥様の洋子さんがリクルートの別会社から顧問料を受け取っていたという情報をマスコミにリークするんです。一斉に報道されましたが、そのことを晋

太郎さんはまったく知らなかった。これが一番病身にこたえたんじゃないですか。それで膵臓がんがグッと悪くなった。その後、彼は二年しか持たなかったでしょう。

佐高 晋太郎は再起不能になりましたね。

平野 その結果、安倍派はバラバラに空中分解して、総主流派態勢が崩れた竹下首相は辞めざるを得なくなったんです。

東大法学部出身の政治家は逮捕されない?

平野 一九八九(平成元)年の五月二五日、衆院の予算委員会で法務大臣からリクルート事件の中間報告がその日の午前にあり、午後から予算委員会の証人喚問で中曽根元首相が「私は関係ない」と疑惑を一切否定したわけです。

佐高 中間報告というのは、事実上の捜査終了ですからね。

平野 そう。ロッキード事件のときにも、事実上の捜査終了宣言があったあとに、ロッキード問題特別委員会で中曽根証人喚問がありましたが、中曽根派の国会議員に質問をさせて、「自分は関係ない」と言って逃れた。

佐高 江副と一番近かったのは安倍晋太郎なんですよね。

平野 それと宮沢さんです。宮沢喜一、加藤紘一ラインですよ。あのときに安倍晋太郎さんが健康であったら、どうなっていたかわかりませんよ。

しかし結局、法務省は巨悪を眠らせたわけです。だから、ずっとあとになりますが、「検察は東大法学部出身の政治家は逮捕しないのか」と私は公言したんです。

佐高　本で書いた？

平野　いや、テレビ朝日の「朝まで生テレビ！」で発言しました。小沢一郎の陸山会事件が起こったときです。

私はそのとき、過去二五年くらいのデータを示しながら、「検察は造船疑獄以来、何度も東大出の総理クラスの政治家がからむスキャンダルがあったのに、一回も逮捕できていない」と事実を言ったんですよ。検察が総理経験者を逮捕したのはロッキード事件の田中角栄のみ。しかし、田中は小学校卒で東大出身ではない。そうしたら、一緒に出演していた東大法学部出の弁護士どもが怒っちゃって（笑）。

佐高　政治家には官僚派と党人派の争いがありますが、中曽根みたいな官僚派は最後には逃げられるんですよ。だけど、田中のような党人派は捕まってしまう。

平野　キャリア官僚の検察からすれば、東京大学を出た政治家を逮捕するのは躊躇しますからね。

佐高　中曽根は殖産住宅事件でも疑惑が出ましたよね。

平野　そうです。検察には東大出の人間が日本を支配するべきだという意識があるんですよ。日本の権力の底にはそういう心理が働いているんです。

そういえば、東京地検特捜部の人から防衛庁の汚職で参考意見を聞きたいと言われたことがありました。実は、久間章生（元防衛大臣）を逮捕したいんだと相談が来たんです。「何で私にそんなことを聞くのか」と聞いたら、「あなたは長いこと衆議院事務局に勤めていて裏の事情に通じているだろうから」という返事でした。

佐高　久間も東大法学部卒ですね。

平野　防衛施設庁が三宿病院の建て替え工事をする際に、悪質な談合が行われたとして問題になったことがあったでしょう。私は「久間のことは多少知っているけど、そんな生半可なやつじゃない。ちょっとやそっとでは捕まえられないよ」と答えましたけどね。

佐高　前原誠司（国民民主党衆院議員）は久間と仲がいいですよね。

平野　そのとき、「久間は経世会の裏金作りのボスの一人」というような話も出ましたよ。

佐高　リクルート事件では中曽根の身代わりに藤波孝生が捕まるわけですが、平野さんのいまの話を聞くと、中曽根は逮捕許諾寸前までいったわけですから、ロッキード事件のときより危なかったわけですね。

平野　ロッキード事件以上に危なかったと思いますよ。

佐高　ここでも結局、中曽根が逃げ切るわけですね。この話はあまり世間的には知られていませんね。

瀬島龍三への抵抗感

佐高　中曽根には瀬島龍三という人も出てきますね。中曽根は大本営参謀だった瀬島龍三を最高ブレーンにし、NTT元会長の真藤恒は瀬島龍三をNTTの取締役相談役にしていました。だから、中曽根と真藤は江副や瀬島というクッションを置いた形で共同戦線を張っていたわけです。平野さんは瀬島龍三と関わりはありますか。

平野　瀬島さんは「ソ連から帰ってきたスパイ」と世評で言われた方ですね。伊藤忠の相談役として活躍し、派閥を超えた形で大物政治家に接触していました。

私は瀬島さんに極めて抵抗感がありましたね。それというのも、私の長兄が陸軍士官学校五六期卒で、瀬島さんが教官でした。それで長兄から、「いい人物ではない」と聞いていたからです。瀬島さんが四国を訪れると、長兄が接待役を務めていました。

あるとき、小沢が瀬島さんを講師にして勉強会を開いたことがあります。国会審議が延びて開始時間がずれたので、小沢が私に「瀬島さんを待たせているから、話し相手をしておいてくれ」と言う。嫌だなと思ったけど、瀬島さんに会いました。「はじめまして」と挨拶したら、「君とははじめてじゃない。兄貴から聞いていないか」と言われました。

佐高 自分を神がかりみたいにするのがうまかったですね。

平野 それから、「君だけだ、挨拶に来ないのは」と。

佐高 挨拶に来ない、ですか。そういう人物ですよね。

平野 やっぱり彼は軍人ですよ。

佐高 一番近かったのは中曽根でしょう。

平野 そうです。中曽根政権での民間活力の活用で彼が用いられましたから。

佐高 中曽根のお先棒をかついで、韓国の全斗煥軍事政権との橋渡しもやりましたね。釜山やソウルでは全大統領のブレーンで陸士卒の関係者が彼を出迎えた。対韓借款四〇億ドルの件や中曽根訪韓の件を詰めたと報道されたら、「俺は中曽根の使い走りなんかじゃない」と居直ったけれど、代理人には違いない。

平野 指導していたのかもしれない。

佐川急便事件と経世会の分裂

佐高 リクルート事件が終わってしばらくすると、一九九二（平成四）年八月に今度は佐川急便事件が始まります。金丸信自民党副総裁が佐川急便から五億円の政治資金を受けていたと朝日新聞が報道したのがきっかけです。これで経世会（竹下派）が大揺れに揺れますね。

平野　平成四年から五年にかけて、政治不信は頂点に達していました。リクルート事件の責任を取って竹下内閣が総辞職しますね。その際、竹下首相は「政治改革大綱」を発表して、自民党を挙げて政治改革に取り組むと公約しました。にもかかわらず、海部内閣が提出した政治改革関連法案を、与党の自民党国対委員長が潰すという不条理が行われた。それに加えて、佐川急便問題などが続発したわけです。

当時、経世会の紛糾をマスコミは「サル山のボス争い」などと揶揄《やゆ》しましたが、金丸さんが自民党副総裁だけでなく議員も辞め、問題処理をめぐって経世会が分裂し、後継者争いも加わって非常に揉めたんですね。「金竹小」と呼ばれ、それまで政局を引っ張ってきた金丸信、竹下登、小沢一郎の三人でしたが、小沢が金丸、竹下と袂《たもと》を分かってまでも政治改革をやらなければいけなくなった理由には、この佐川急便問題があるんです。

小沢は経世会を作るまで田中派のプリンスでしょう。若い小沢を育てるために、いろいろな人に会わせるわけです。これはあまり表に出ない話ですが、金丸さんに頼まれて京都佐川急便が小沢を総理にしようという運動を始めるんです。

佐高　佐川急便元会長の佐川清ですね。

平野　派閥を超えて若い国会議員を集めて、小沢を囲む会を東京で定期的に開いた。そのとき、佐川は土産に現金を持たせたらしい。小沢は何回目かにそれに気がついて、こいつらと組んでいたらロクなことにならないと思ったようですね。政治改革に突き進もうという判断が、経世会分裂の根底にはあるんです。

佐高　東京佐川急便元社長の渡辺広康と小沢は会っていないんですか。

平野　それは会っているでしょう。

それで結局、金丸さんの受け取った五億円をどうするか。政治資金規正法違反問題への対応を迫られるわけです。

小沢一郎は「政治団体が受け取った政治資金の記載漏れだから、政治団体の会計責任者の責任であり、金丸さんの罪を問うなら、堂々と裁判で争えばいい」という考えでした。一方、梶山静六は法務大臣を辞めたばかりで、法務事務次官から入れ知恵されたのでしょう。「政治資金の手続き上のミスなので、地検に上申書を出せば軽い処分で済む」という意見でした。おそらく、法務省としては裁判をすれば無罪になるけど、長期化しますよ、ということだったのではないかと思います。経世会で侃々諤々《かんかんがくがく》した末に、梶山さんの意見で対応することになり、略式起訴、罰金二〇万円で決着しました。

私は七月に参院議員になったばかりで担当弁護士との折衝役でしたが、法廷論争ができなかった理由は、金丸さんの弱さです。体力的にも弱っていたし、気力的にも弱っていた。裁判に出て自分は正しいと主張する気力がもうなかったんです。さっさと済まさないと、彼の精神状態が持たないので、小沢一郎が下りたというのが真相です。

だから、誰も金丸さんを見殺しになんかしていないんです。最近でも、藤井孝男が野中広務から「小沢は金丸への対応が冷たかった」「金丸を見殺しにしたのは小沢だ」と聞いているという話を紹介していますが、まったくの嘘ですよ。野中さんには意図的にミスリードな表現が多いんです。

佐高　金丸の家宅捜索をしたら、旧日本不動産銀行の無記名の割引金融債「ワリフドー」や金塊が出てきたという生々しい話がありましたね。

平野　そのころ、竹下元首相は政治改革大綱を作ったままで、政権交代は必要ないという立場に引き下がっていました。その一方、小沢のもとには社会党のニューウェーブが集まっていました。小沢は私に、「自分のところに社会党の若手から、社会党は自己改革できないので、社会党を出て新しいグループを作りたい、協力してほしいとの話が来ている。それを踏まえて政界再編をスタートさせたい」と言っていたので、その準備に奔走していたんです。

佐高　社会党の若い人たちというのは誰ですか。

平野　仙谷由人、赤松広隆といった人々でした。

佐高　一番悪いやつらですね。

平野　竹下、金丸、小沢の証人喚問が行われるわけですが、それでもう金丸さんが体力的にも精神的にも駄目になってしまうんです。マスコミには小沢が政治改革に熱心なのは自分の金を隠すためではないかという論調が出たりしました。

佐高　金丸の記載漏れというのは、小沢の陸山会事件と同じなんですか。

平野　陸山会事件は不動産購入の記載日のことで、検察の暴走だから、ぜんぜん違います。

「自分と金丸は綺麗ごとで済まないくらい汚れている」

平野　金丸さんが議員を辞めて被害妄想狂になったことは知っていますか。

佐高　いや、知らない。

平野　経世会が揉め出したころ、小沢から突然電話があって、「金丸が竹下と梶山は自分たちはいい顔をして俺を悪者にする。そんなことをするんだったら、俺は経世会の金集めとか、悪事を記者会見で全部ぶちまけるぞと言っている。相談に平野を寄こすと金丸に言ってあるから、悪いけど相談に乗ってやってくれないか」と言うんですよ。金丸さんと私の関係は小沢より七、八年古いからね。

佐高　小針を前にして金丸がびっくりしたという話より古い？

平野　実はもっと古い関係があるんだけど、それは後回しにして。

金丸の家に行ったら、私に最敬礼して土下座するんです。あなたにはいろいろ世話になったのに、こんなみっともないザマですまない。これから記者会見する材料を言うから整理してメモにしてくれと興奮状態で正常ではない。こういうときはダメだと言ったらいけません。自分の悪いことを全部しゃべるわけだから、あなたは偉い、私は非常に重く受け止めると言ったら、ちょっと落ち着いた。問題は記者会見をする時期だけど、これを発表すれば、経世会とか、竹下、梶山というよりも、日本国全体に影響することだから、よく考えなければいけないと言ったら、やっと冷静さを取り戻した。そうしたら、五億円授受の話をし始めました。

小沢は金丸に同行しただけで、佐川元会長との話の中には入っていない。竹下に問題があったのだという話になる。記者会見をするという話はどこかに行って、これからも協力してくれということで終わったんです。

翌日、小沢から「竹下さんが自分の話を聞いてくれなくなった。相当誤解している。平野さんは竹下さんとは私より古いつき合いだ。私の考えを説明してきてくれないか」と頼まれた。私は「小沢の代理というと先方の態度も複雑になるので、平野の意見を言ってきましょう」と返事して、竹下事務所に電話すべく受話器をとろうとすると、何としたことか竹下さんから電話があり、証人喚問されそうなので相談したいとのこと。今度は竹下さんと二人だけでキャピタル東急ホテルで二時間ぐらい話したんです。

佐高　まさに経世会分裂前夜ですね。

平野　この話があまり知られていない重要な話なんです。

顔を合わせるなり、経世会のあり方が話題になりました。私が、

「あなたは政権を去るとき、政治改革大綱を作り、国民に実現を約束しましたね。経世会を作ったとき、新しい政治を作るのが目的だと結成前夜、私に熱く語ったことを憶えていますか。竹下という政治家は自己犠牲的に自民党を背負ってきたが、ここに至っては経世会を解散させ、日本の国のために政治改革に邁進して政党再編の中心となることが、竹下登や金丸信が政治家を続けていける道ではないか」

と切り出したら、背広の内ポケットから政治改革大綱を取り出し、竹下さんはこう言ったんです。私のことを平ちゃんと呼んでいましたが、

「平ちゃんね、わしもそうしたい。この大綱はわしにとっては一番大事なものだ。しかし、わしも金丸もいろんなしがらみがある。綺麗ごとで済まないくらい汚れているんだ。中曽根の後継になる経過からいっても、自民党を壊すことはできない。そこで生きるしかない

のだ。一郎には汚れ仕事をさせていない。だから、政治改革を言えるんだ。平ちゃん、協力してやってくれ」

と竹下さんはそこまで言いましたよ。竹下という男は、そういうときには真面目に話を聞いて、真面目に対応するけど、ガラッと変わったときには非常に問題になることをする。やっぱり、ポスト中曽根が響いているんです。

佐高　金が動いている。

平野　そう。中曽根元首相が竹下さんを後継指名するときにも、中曽根さんの世界平和研究所設立にも関わっている。中途半端な金額じゃない金を竹下さんが面倒見たんでしょうね。推測ですが、巨額な資金を集めたかもしれません。

佐高　竹下、金丸とも、そのときおかしくなっていったわけですね。近い関係ほどおかしくなるんですね。

金丸信との縁

平野　私と金丸さんの最初の出会いの話をしましょうかね。それは一九六五（昭和四〇）年一〇月の日韓国会です。日本と韓国の国交を正常化するための「日韓基本条約」の審議で猛烈に国会が荒れたんです。佐藤政権は、日韓特別委員会でも本会議でも、強行採決することを決断して、その準備に入りました。そのとき、金丸さんは衆院議員に当選したばかりの議院運営委員会の末席の理事で、私は二〇代で議運担当係長でした。

佐高 そうでしょうね。私は学生時代ですからね。

平野 あるとき金丸さんが私を議事堂の廊下の隅に呼ぶんですよ。それまでまったく知らない間柄なのに、密かに呼び止められたんです。

佐高 役人くさくない、堅気じゃないと思ったんですよ。

平野 この人、何を言うかと思ったら、「総理から密命を受けた」と言う。何ですかと聞いたら、「強行採決時に議長がどうしても本会議開会のベルを押さないとき、君がベルを押す役だ。総理は、日韓条約にはわしの政治生命がかかっていると言っていた。ベルの場所を君なら教えてくれると思っての相談だ」と真剣な顔をして話したんです。

本会議開会のベルは事務局の厳重な管理下にあり、議長の指示がなければ絶対に押せません。佐藤首相はそれがわかっていて、あえて金丸さんに役を振ったんですよ。「人事の佐藤」と言われるだけのことはありますね。だけど、これはえらいことになったと思いました。でも、事務的な扱いはできない。

ちょうど、議長室の近くの壁にヒーター用のスイッチが外へ出ているのを知っていたので、「これがベルです」と教えた。あれを押したら、ベルが鳴るんですよと。

佐高　嘘を言った。

平野　そうしたら、金丸さんは大真面目に、「ありがとう。これで僕は総理の密命を果たせる」と喜んだ。

佐高　嘘だというのはわかっているの？

平野　いや、わからない。

佐高　騙したんじゃない、それ（笑）。

平野　だって、「できません」とも、「事務総長に相談する」とも、言えないでしょう。議会民主制を守るための知恵ですよ。

それ以来、私のことを「学者」と呼んで信用しました。金丸さんとの交遊はマンガの世界みたいでしたよ（笑）。

佐高　タヌキを騙したタヌキ。

平野　予定どおり自民党は特別委員会で強行採決すると、社会党は本会議で議事引き延ばしをやり、徹夜国会が続き、四日目に本会議でも強行採決を行いました。これは憲法違反どころか、議会政治を冒瀆するものですよ。直後、私が議運委員長室に行くと、社会党の柳田国対委員長が自民党の坪川議運委員長に、「これで良かったですか」と握手しているのに出会いました。

佐高 自社談合政治を目の当たりにしたんですね。

平野 話は変わりますが、私は金丸逮捕があると予想していました。私が衆院事務局を辞めて参院選に立候補することが決まったとき、私は議員逮捕のときの担当窓口でしたから、法務や検察の上の方の一〇人ぐらいが私の送別会をやってくれたんです。場所は、三田辺りのVIPを事情調査する日本料理屋のような検察の施設です。そのとき、「経世会に直接所属することは止めた方がいい。いずれ金丸さんは問題となる」と言われたんです。

佐高 ターゲットは金丸だと。

平野 逮捕はそれからちょうど一年半です。早朝、金丸逮捕が報道されると、小沢が事務所に大至急来てくれと言うわけですよ。何事かと思ったら、小沢が「僕は金丸さんから目をかけられ、幹事長も金丸がさせてくれた。しかし、個人的な金銭関係はまったくない。平野さんは、私より古いつき合いで、金丸さんは世話になったようで感謝していた。海外旅行にも一緒に行って喜んでいた。念のため確認しておきたいが、金丸さんから金をもらったりしたことがあるかどうか。金丸逮捕で何が出るかわからない。正直に話してくれ」と言う。

佐高 小沢は心配したわけですね。平野さんの名前が出てくるかもしれないから。

平野 金をもらうどころじゃない。「金丸さんほど自分の金を使わない政治家を見たことがない」と言ってやりましたよ。

佐高　金丸はケチなんですか。

平野　ケチなんてもんじゃない。事務局から出る金はここまでと、私もはっきりさせていました。パリのムーランルージュに行ったときも、金丸さんは小針の会社に請求書を回していました。小針の会社の会計係の重役もそっと一緒に同行していたんです。

佐高　それは事務局からは出せませんね。

平野　そう言うと小沢は「よし、いよいよ谷を渡り、吊り橋を切り落としたと同じだ。後戻りはできない。政治改革を断行しよう」と断言しました。私は小沢にすっかり疑われていたんです。

企業献金という病根

佐高　財界人の平岩外四が小沢一郎に惚れ込みますよね。きっかけは何だったんですか。

平野　一九八五（昭和六〇）年ごろ、平岩さんが後援会長になったんです。平岩さんは、経団連が各企業から金を集めて与野党に政治献金するということは止めなければいけないと考えていたんです。

佐高　いわゆる花村リストですね。

三木内閣のとき、幹事長の中曽根が経団連会長の土光敏夫に自民党の越年資金として必要な一六億円をもらいに行きました。最初、参院議員で元新日鉄副社長の藤井丙午に頼んだら、「土光さんに相談するしかないな」と言われて、中曽根が不安になるんです。それというのも、土光は記者会見で、「経団連は政治献金から一切、手を引く。いままでも経団連として政治献金に関わり合いを持ってきたわけではない。ほんの一部の人が関係してきただけだ」と言い放っていたからです。

中曽根が年末の党の窮状を訴えると、土光は副会長の花村仁八郎を呼び、「君が按配してくれ」と何事もなかったように頼んだという話があります。このときは新日鉄に四億円を出させ、残りの一二億円は花村が三菱商事、三井物産、伊藤忠、丸紅、日商岩井、安宅産業という六大商社に二億円ずつ割り当てた。

花村リストは業界における企業の序列や各企業の業績を勘案して、この企業にはこのぐらいと割り振って集金するもので、当時、財界の政治献金部長と呼ばれ、のちに日本航空会長になる花村が考案しました。マルクス経済学者の大内兵衛ゼミの出身でマルクスボーイだった人がそこまで変わるのかと思ったものです。

平野　花村方式は批判されましたけど、できた当時は、自民党の政治資金を近代化するものと言われたんですよ。

佐高　そうです。個別企業による献金だと露骨に贈収賄の話になりますが、業界でプールされるから、その話にはならない。

平野　花村さんを自民党の資金集めの改革に起用したのは、池田内閣時代の前尾さんです。前尾さんは、それまでの自民党の資金集めからすれば、花村方式は一つの改革だったと評価していました。その後、高度成長を経て経済規模が拡大すると、経団連が自民党を動かすようになり、「企業が金で政治を動かすようなことは止めなければダメだ」と平岩さんが言い出した。それで、経団連の三好正也事務総長が花村方式をやめたんです。平岩さんは前尾さんを非常に尊敬していたんです。

佐高　三好は生え抜きですが、花村に比べればかなり小物ですよね。

平野　平成二年、ジョン万次郎が漂流してから一五〇年ということで、ジョン万次郎の会を作ったでしょう。平岩さんも偶然、ジョン万次郎が大好きなんですよ。だから、ジョン万次郎の会の顧問をしてもらったんです。小沢が幹事長のころで、同時に政治改革をやろうということになったんです。

佐高　新日鉄元会長の稲山嘉寛の秘書役を務めていた飯村嘉治という人に私はかわいがってもらいましたが、この飯村さんが平岩さんと旧制八高の同級生なんです。飯村さんは歌人としてもプロ級で、「わが言に少しニヒルの翳ありて婚期過ぎたる娘《こ》を魅するらし」という歌を詠むような人でした。その飯村さんの人物評を書くときに、平岩さんを取材して以来、私も何回か会っているんです。

その平岩さんが勲章をもらうんです。親分の木川田一隆は勲章を拒否しているのに。

平野 大したもんですな。

佐高 しかも、ちょうどそのときに宇野宗佑が三本指で辞めて、平岩さんと同じころに勲章をもらいました。でも、元首相だから、経団連会長の平岩さんより格上なんです。

平野 当時は財界より政界の方が上でした。

佐高 だから、私は『東洋経済』のコラムで、「平岩さん、宇野以下の勲章をもらってうれしいか」と書いたんです。親分の木川田は勲章を拒否したのに、なぜ一番弟子が勲章をもらうんだと批判した。そうしたら、城山三郎さんから電話がかかってきた。「平岩さんが会いたいと言っているんだ」と。でも、城山さんはそんな電話をかけてくる人じゃないんですよ。私は当然、会いたくないわけです。すると、「僕も一緒に行くからさ」とか言うんですよ。

平野 珍しいね。城山さんらしくない。

佐高 こんな電話をかけて寄こしたのは最初で最後です。それだけ二人は親しかったということですね。仕方ないから行ったんですよ。それで、ずっと関係ない話をしているから、そのままにして帰ろうと思ったら、最後の最後に、「佐高さん」と呼び止めた。平岩さんが「僕は勲章を拒否するほど偉くないんだよ」と言うんです。いま思うと、あそこまで書かなくても良かったかもしれない。

平野　土井たか子さんは、平岩さんにいい感じを持っていましたね。

佐高　平岩さんは大変な教養人ですからね。日米財界人会議か何かのとき、そこに『ユリシーズ』の原本があって、第何版とか版の違いまで詳しいので、向こうの財界人がたまげたというエピソードがありますよね。

政治家を支える女性たち

佐高　小沢がまだ自民党を出る前ですが、選挙の投開票を見ながら各党の代表や石川好《よしみ》（作家）、私のようなコメンテーターがしゃべるという座談会形式の選挙報道番組があったんですよ。自民党からは加藤六月、公明党からは二見伸明が来ていました。

私がかましたんですよ。

「自民党の疑獄というのは、自民党にこびりついた宿便のようなものだ。ロッキード便にリクルート便が重なり、その上に佐川急便が重なったんだ」

と言ったら、加藤六月が顔を真っ赤にして怒ったんです。

「それは自民党に投票してくれた人間に対する侮辱だ、謝れ」と私を指差して怒ったけど、それで話は終わったわけです。

そして、番組が終わった途端にスッと加藤六月が来たんです。初対面なのに、満面に笑みを浮かべながら近寄って来て無断で私の手をサッと握って、「佐高先生、本日は大変お世話になりました。また会うことがありましたら、よろしく」と言って去っていった。そのとき初めて私は、腹の中とぜんぜん違うことを言える人たちというのがいるんだと思いながら、俺はこれからこういう人間たちと戦っていかなければいけないんだな、と戦う相手が見定まったんです。

加藤六月の奥さんの睦子さんは安倍洋子の大のお気に入りらしいですね。

平野 彼女がいまの安倍内閣を動かしていると見てもいいですよ。そのぐらい影響力はあります。

佐高 へえ。その後、加藤六月は小沢と一緒に行動したから、平野さんはよく知っているでしょう。

平野 知っています。安倍晋三の家には、岸の時代からお手伝いさんをしている、もう九〇歳を超えているお婆さんがいるんですが、このお婆さん、洋子さん、加藤夫人は家族みたいなものです。これがなかなか政界の裏話を知っているんですよ。しかも、影響力もすごくある。「小沢一郎と平野貞夫というのは一番のワルだ」ということを言うお婆さんらしい。加藤六月の婿養子の加藤勝信は厚労大臣から総務会長になった。

佐高　よくわかっているお婆さんなんですね。

平野　ある人から聞いた噂話ですが、洋子さんがあるとき、「そう言えば、主人（晋太郎）が背広の仕立券を事務局の人にやったという話を聞いたことがある」と私に対する印象が悪いことをしゃべったら、加藤夫人が「あの人を悪く言ったらダメですよ。うちの主人がお世話になりました」と言い、お婆さんに「あの人たちが本当の自民党ですよ」と言ってくれたらしいです。それで、洋子さんが納得した。

佐高　加藤未亡人が平野さんをかばってくれたんですね。加藤六月、三塚博、塩川正十郎、森喜朗で安倍派四天王と言われました。加藤六月は運輸族でしたね。国鉄の分割民営化にもからむ人です。

平野　運輸族では大臣より力がありました。

佐高　あまり広がりのない人ですか。

平野　加藤さんは陸軍士官学校出身で、学生のときに終戦を迎えた。思考に柔軟性がないですね。私ら事務局の人間は瞬時に政治家の本性を見抜かなければいけないでしょう。一つの材料になるのは、生まれ育った土地です。岡山の街道筋から出てくる政治家というのは、裏表がスパッと変われますからね。その点、土佐、山形、岩手なんていうのは変われない。

佐高 不器用ですか。

平野 ちょっとうまくない。和歌山、大阪、神戸は論外ですよ。

佐高 論外（笑）。クルクル変わって、どっちが表か、わからないという。

平野 広島は良し悪しが混在する。岡山は一般的に性格が良くない。

佐高 橋本龍太郎。江田三郎。

平野 菅直人のルーツが岡山ですよ。

佐高 岡山で売れなくなるじゃないですか。

平野 もちろん、例外はありますよ。塩爺（塩川正十郎）なんかは悪くないですよ。

佐高 でも、大阪でしょう、あれ。

平野 大阪でもちょっと違う。石川県でも能登の方はいいですよ。

佐高 瓦力。

平野 そうそう。益谷秀次とか。

佐高 小松空港辺りはダメですね。根上町の森喜朗。

平野 そういう風土というのはあるんです。愛知はすごくいい人と、すごく悪い人が両方出ますね。

佐高　四国の徳島はどうなの？

平野　徳島は後藤田、三木、仙谷。秋田大助は「俺は土佐人だ」と言いますよ。徳島の人なのに徳島嫌い。

佐高　椎名派で副議長をやった人。

平野　徳島の女性は立派な人が多いわね。瀬戸内晴美（寂聴）とか（笑）。

佐高　良くないじゃない、最悪ですよ。瀬戸内晴美は何でも時の人にくっつくんですよ。稲盛和夫にくっついたりしますから。

平野　小沢と対談したり。瀬戸内の最後の男というのを私は知っていますよ。『花に問え』という小説のモデルです。いい小説ですよ。それのモデルが最後の男なんです。瀬戸内の旦那が国会図書館の副館長をやっていて、よく知っているんです。酒井悌という人。

佐高　小田仁二郎ではなく？

平野　その前じゃないですか。徳島の女性はやり手ですからね。

佐高　宮尾登美子は高知ですね。

平野　あれは良くない。土佐の男に振られているものだから、土佐の男をものすごく悪く書く。私の女房は彼女のファンで悪い教育を受けてしまった。土佐の女流作家では、野中兼山の娘を書いた大原富枝がいいですよ。

佐高　宇野千代はどこでしたっけ。

平野　岩国です。宇野千代はすごい女ですよ。私は口説かれたことがあったんですよ。

佐高　これは絶対、はずせない（笑）。

平野　園田副議長が中村天風を慕っていて、天風会の研修会に参加していたんです。政治家や局長クラスがずいぶん天風会に入っていました。昔、宇野千代は天風の女だったんじゃないですか。後楽園辺りの自宅にお使いに行ったら、口説かれた。女の業を書くのはうまい作家ですよね。

佐高　平野さんがいくつぐらいのときですか。

平野　三一、二歳。向こうはもう六〇、七〇歳。

佐高　露骨に口説くんですか。

平野　怖かった。まともな世界じゃないですよね。

機密費という病根

平野　私が実際に体験した機密費にまつわる話をしましょうか。

一九八七（昭和六二）年六月、中曽根政権時代に議院運営委員会のメンバーでヨーロッパに議会制度や政治経済事情の調査旅行に行ったんです。これが要するに、夫婦連れの派手な海外旅行で、売上税廃案後の税制改革をスムーズにやるためのものでした。

そのとき、議員夫人たちの旅費代として議運の越智伊平委員長を通じて後藤田官房長官から七四四万円をもらったことがあります。後藤田さんが気を使ったわけです。この調査団には別に、一〇〇〇万円以上の金が出ましたが、その金を管理するのは私だったんです。夫人同伴と決まったのに、公明党の近江巳記夫《みきお》衆院議員が「夫人同伴についてマスコミから批判されているから、妻を連れて行くのはやめたい」と言い出した。

越智委員長に相談すると、「各議員から一五〇〇万円を預かったことにして、預かり書を平野君の名で集めておけ」と言われ、本当は機密費なのに各人から私が金を預かったという偽の領収書を書くことまでしたんです。

そうしたら、今度は旅行の途中で、越智委員長が「後藤田官房長官に礼状を書いてくれないか」と言い出した。委員長名義の礼状を書いてやると、「これに各議員に署名してもらえ」と言ったので、「それはいくら何でもまずい。官房長官から気を使ってもらったことは、派遣議員は表向きは知らないことですよ」と制止しましたが、「俺が金をネコババしたと思われたら困る」と言うから、各議員に署名してもらいました。「おかげさまで順調に旅行しています」というような手紙を現地から後藤田さんに出したんですよ。みんなすんなり署名しましたが、バカな話です。

佐高　機密費から出た金だと知っているのにね。

平野　私が国会議員になって、参院予算委員会で質問する前に、田中真紀子の旦那の田中直紀衆院議員が「平野さん、悪いけど、家内が待っているからここへ電話してくれ」と言ってきた。質問の一五分ぐらい前ですよ。仕方なく電話すると、「あなたが一番機密費のことを知っているから、機密費で追及しなさいよ。私ばっかり恥かかされることないじゃないの」と私のせいにしてきたこともありますよ。

佐高　それは面白い。当時の福田康夫官房長官が外交族の表の顔で、裏の顔が鈴木宗男でしょう。

平野　四〇年ぐらい昔の話ですが、園田副議長のころには、与野党が歓談できるような会合がなかったので、「国会丑年会」という丑年生まれの議員が集まる会を作りました。「国会丑年会」の宴会費に官房機密費を使いましたよ。

佐高　細川政権のころはどうなんですか。

平野　二五年ぐらい前、細川総理が「平野さん、機密費はどうやって使えばいいんですか」と私に相談に来たことがありますよ。

佐高　誰が機密費を管理していたんですか。

平野　武村官房長官です。それは細川が辞めるときで、「一回も使ったことがない」と言っていました。官房長官に出してくれと指示すればいいだけですが、細川と武村は仲が悪いから、指示できないわけです。何に使うのかと聞いたら、「世話になった人に靴の仕立て券でも贈りたい」と言う。それくらいの金額ならば官房副長官（当時、鳩山由紀夫官房副長官）が掌握しているから、副長官に言えば出してもらえると教えました。それで私のところに二万円の靴の券が来ましたよ。あのとき、武村官房長官は残った機密費を全部さきがけに持っていったと噂があったんですよ。

「官邸の中に北朝鮮のエージェントがいる」

佐高　当時、武村を切りたいという話もありましたね。

平野　その話は、細川首相が日米首脳会談で訪米したときにクリントン大統領周辺から言われるんです。「官邸の中に北朝鮮のエージェントがいる」と指摘された。それは武村官房長官のことでした。北朝鮮の核疑惑で東アジア全体が緊迫していましたから、細川首相は米政府の懸念を失くすことをクリントン大統領と約束します。

　しかし、武村官房長官だけを切るわけにいかないから、内閣改造をすることにしました。ところが、それを察した武村官房長官は社会党の村山委員長と民社党の大内委員長と組んで内閣改造にこぞって反対した。細川首相は三人の反対論を説得できず、腰砕けになるんです。そこで、小沢が市川雄一を入閣させようとしますが、市川は拒否しました。それでまた、細川首相が諦めて、羽田と小沢が「内閣の人事権は首相にある。内閣改造を行うと発表して、反対があるということで諦めるとは何事だ」と怒るわけです。それでも、何とかしなければいけないということで、私は石原官房副長官を官房長官にしようという案を出しました。細川首相は喜んでくれましたよ。

佐高 石原信雄は竹下内閣からずっと一〇年近く官房副長官でしたね。

平野 実はその時期、自民党は、武村率いる新党さきがけと社会党左派で細川政権の倒閣をやらせ、その後、自社さ政権を作ることで一致し、そのシナリオで動いていたんです。のちに細川さんは私に、「武村さんは、私が内閣総理大臣に指名されたときから倒閣運動を始めていたのですよ」と語ったことがあるので、それがわかったんです。やはりそうだったのかと、喉に引っかかった魚の骨が取れたような気分になりましたね。

そんなことも知らずに、細川政権は経済改革をやるぞと調子に乗っていた。経済改革を断行しようというとき、官僚の抵抗の抑え役がいるから、石原さんを官房長官に格上げすれば、武村官房長官も自治省の先輩だから了解するだろうと思ったら、これが辞めない。石原さんは固辞したが、「俺のことを閣僚にと推薦してくれた政治家はおまえだけだ」と感謝してくれました。

佐高　さんざん苦労した仲間ですね。

平野　私は怒ったんです。さんざん人をこき使っておいて、「首相は有言実行しないのか」と詰め寄ったら、細川首相が田中秀征首相特別補佐と同じ役で、私を処遇するというから、「ふざけるな。もう協力しない」とケツをまくったんです。機嫌を直すために役を持ってくるというのは土佐人の一番嫌いなことです。そうしたら、間もなく辞めるということになったわけです。

佐高　武村が辞めた？

平野　細川が辞めた。

佐高　そっちの方が、嫌気がさしていた。

平野　そうです。細川首相のやる気がなくなった。あの人は細川家の武士のＤＮＡと近衛家の公家のＤＮＡの両方がありますからね。背後霊があの人をコントロールしている。武士の背後霊のときは判断がすばやいですよ。公家の背後霊のときはもうダメです。

佐高　お公家さんが出ちゃった。

平野　あろうことか、細川さんは総理だけじゃなく、国会議員まで辞めようとしたんですよ。私はそのとき、北朝鮮問題の政策協議を日本女子大学の先生とまとめ上げたばかりで、ほっとしていたら、小沢から総理官邸へ行って説得してきてくれと電話がかかってきた。

佐高　細川に辞めるなと。

平野　ちょうど官邸でパーティーがあったので、マスコミに感づかれたらいけないから、仕出し屋のトラックに乗って官邸に潜り込んだんです。武士と公家のＤＮＡの話をして、「国会議員まで辞めると、政治改革を自己否定することになる。歴史ある近衛家や細川家のご先祖の御霊さえも、さぞかし嘆かれるでしょう」ととどめを刺したら、細川さんが崩れ落ちた。夜中の一時くらいまで口説きました。イエスとは言わなかったけど、わかってくれたなと感じた。翌朝、議員は辞めないとはっきり言ってくれました。そんな後始末の苦労をさせられるんです。

佐高　私は細川が首相になる前に、細川護煕論を書いたことがあります。人を見てから政治を見るという私の主張を敷衍《ふえん》して書いたものです。

細川は「母方の祖父」である近衛文麿を尊敬しているみたいですが、私は近衛文麿が嫌いだとして、近衛のエピソードを紹介したんです。

一九一九年、近衛は、電力の鬼といわれた松永安左ヱ門とロンドンに行き、女遊びをしました。当時、近衛は二九歳、松永は四五歳。あるとき、二人はそれぞれの相手の女性に次の金曜日に来ることを約束します。ところが、当日になって近衛は「疲れた」と言って一緒に行こうとせず、仕方なく、松永は一人で出かけた。それで、近衛を待っていた女から、「日本の貴族はウソつきだ。私は近衛のために他の約束を全部断ったのにどうしてくれるのか」となじられたんです。近衛の分の金を払おうとしたら、その女から「あなたからもらう理由はない。近衛という男を心から軽蔑する」と吐き棄てるように言われて、松永は後味の悪い思いをして帰ってくる。そうしたら、疲れているはずの近衛は別の女のところへ行っていた。自分にもウソをつき、女をも騙す。この男は信用できないと松永は肝に銘じたんです。だから、その二〇年近くのちに、国民の圧倒的な人気をバックに近衛が首相になったとき、松永は「この浮かれ革新めが！」と言下に斬り捨てたという話です。

これを引用して私は「浮かれ新党めが！」と書いたんです。

私から見れば、平野さんの苦労はしなくてもいい苦労ではないですか。細川政権が続いたから小選挙区制になってしまった。そのへんは平野さんと私が食い違うところですね。

社会党にも機密費は流れた

平野　最近、いろいろな市民連合に講演に行ったりすると、旧社会党の連中から「小選挙区制を作った一味だ」と私は結構批判されるんですよ。そう批判されると、社会党にどれだけ金を使ったかと思いますよ。議長秘書時代にはヤマツル（山口鶴男・元書記長）なんか私のところに盆暮れに「まだか、まだか」と請求に来ました。社会党は政権を取るつもりなんかないんだからね。

リクルート事件が起きる前の中曽根内閣のとき、一九八五（昭和六〇）年に最高裁が定数是正の違憲判決を出しましたね。金丸信幹事長、宮沢喜一総務会長、社会党が田辺誠委員長という顔ぶれでしたが、与野党がぜんぜんまとまらない。金丸幹事長の使いの新聞記者がやって来て、社会党の田辺委員長を説得する理屈を作れと私に言ってきました。そこで、私は金丸幹事長に、「定数是正という国民の主権のバランスを適正にするものを、国会がわがままなことを言って実行しないということは、政治倫理に反する重大事だ」という話をしたら、金丸さんは得意になって表でも裏でもそれを言いふらしていたんです。

しばらくすると、金丸さんが「金を渡しているのに言うことを聞かないのは、政治倫理に反することだ」と言い出した。誰が知恵をつけたんだと私が疑われた。

佐高　話がちょっとずれている。

平野　ちょうど社会党創立五〇周年というメモリアルな年だったんです。社会党がねだったんでしょう。金丸幹事長が社会党創立五〇周年のレセプションに三億円を出した。あとでこれはいかんというので、民社党にも一億円を渡した。それで定数是正案に文句を言わせないようにするわけです。この金額は、私が公明党から聞いた話で、まず間違いないと思います。

佐高　田辺とヤマツルはライバルだった。

平野　選挙区が同じ群馬県ですからね。

佐高　金丸と田辺は家族ぐるみのつき合いでしたね。

土井たか子議長誕生秘話

平野　非自民連立政権が誕生したとき、本当は新党さきがけの武村代表が総理になりたかったんですけど、小沢がやっとの思いで細川さんを口説いて細川政権を作ります。その報告を日曜日の夜中にホテルニューオータニでやったんです。相手は山岸章連合会長、田辺誠前委員長、山花貞夫委員長の三人。こちらが小沢新生党代表幹事、私です。首班指名は細川さんで決まりですから、次は議長を誰にするかという話になります。そのとき、小沢は衆院議長の候補として土井たか子を考えていたんです。

小沢が報告を終えて、「さて、衆議院議長のことですが」と言ったら、山岸さんが「田辺君、おまえやれよ」と口を挟んだ。小沢の顔が真っ青になりましたよ。その場はそれで決まったようにしなければ、山岸さんの顔が立たない。彼らが帰ったあと、小沢が困ったなと言うわけです。ちょうど、金丸さんが保釈されて出てきたころだったので、田辺さんと金丸さんは親しいですから、マスコミの餌食になる可能性がありました。「自分が言うわけにいかないから、明日の朝、平野さんが山岸さんと会って、田辺さんを下ろしてくれ」と言う。山岸さんに電話すると、「本人がその気になっている。政治家同士で話をつけてくれ」と言われて、私が困ってしまった。

そこで、私は金丸さんの名前を借りることにしたんです。電話で、金丸さんにおかげさまで政権交代しました、山岸さんの推薦で田辺さんが議長候補になっているが、こういう事情でまずいと。金丸さんが心配しているという形で、名前を貸してくれないかとお願いしたら、「よろしい、使え」と言ってくれました。

たまたま届いた高知産の箱入りの温州みかんを担いで前橋の田辺さんの自宅を訪れ、「非自民政権が安定するまでポストを諦めてほしい。金丸さんからもよろしくとのことです」と金丸さんの名前を出したら、すぐに了解してくれました。そして、「社会党の連中はこんなことをしない。保守党というのは気の使い方が違うな」と言うんです。すぐに小沢は山花さんを通じて土井さんを口説きにかかりました。

佐高　山岸章は単なる社会党員ではなく、すごい票を持っている大スポンサー党員ですから、田辺ですら、ストレートにものを言えないみたいな感じでしたよね。

私は当時、「土井は議長になるべきではない」と言っていました。このへんも平野さんと立場が異なるわけですが、これは小沢のすごいところですけれども、土井を議長に据えることは社会党の左バネを抑えるという意味で、小沢からすれば絶対に必要なことだったんですね。そこに山岸、小沢、平野の陰謀が隠されていて、そこが社会党の転換点になる。土井が担ぎ出されることによって、社会党の華がいなくなるんです。

平野　土井さんはなかなか「うん」と言わなかったですよ。私の記憶だと、最終的に恩師の田畑忍同志社大学教授に口説いてもらったんです。

佐高　もう一人いて、内部的には社会党の影の軍師、山本政弘（元副委員長）が最終的にはやらざるを得ないんじゃないかという感じになったみたいですね。

平野　山本政弘は鈴木茂三郎の秘書をやっていましたよね。

佐高　まあ、田辺はやる気満々だったでしょうね。名誉とお金が大好きな人。社会党腐れ派のボスだから。

平野　私は腐れ派のボスと仲が良くて、その後も会うたびに、「僕を議長にしなかった」と冗談半分によく言われました。

土井さんには辞めてからも、「議長を受けるべきでなかった」と恨み節を言われましたけど、秘書の五島昌子さんには、「議長になって良かった。その後の土井の国際的な活動が非常に広がった」と感謝されました。

佐高　土井個人にとってはすごく良かったけど、社会党にとっては最後のダメ押しの痛打になりましたね。

平野　小沢には恨み節を言いませんからね。海部政権のころ、土井さんのお父さんが亡くなって、斎場には小沢幹事長の花の方が海部総理の花より上に置いていた話もあるようです。

佐高　国会同期生なんですよ。また変に仲間意識が強いんですよね。

土井さんの亡くなったお別れ会には、一番忙しいときに小沢は来たし、羽田は車椅子で出席したし、森喜朗、不破哲三もいたんですからね。

土井たか子と小沢一郎がそれなりに親しかったというのは、誰も想像しないですね。

平野　そう。あまり知られていませんね。

私は土井さんとも縁がありましてね。土井さんのお父さんは医者で、京都府立医専で私の親父と同級だったと土井さんにいわれたことがある。

佐高　そうですか。出身が広島の庄原の辺りですよね。

平野　大正の初期は共産党も社会党もないでしょう。あるのはアナーキストのみ。京都府立医専はアナーキストの巣窟だったらしいです。京都で『貧乏物語』の河上肇たちとセツルメントなんかをおそらく一緒にやったんじゃないですか。そんな話をしたら、「平野さんとの関係を早く知っていれば喧嘩なんかしなかったのに」と言われた。

佐高　喧嘩したから仲良くなる。

平野　土井さん自身は決して左派ではありませんでしたね。

佐高　そうそう。新しい流れの会ですから横路孝弘と一緒ですよ。ところが、流れ流れて全体が右傾化すると、左にならざるを得なかった。

談合クーデターで成立した森政権

佐高　二〇〇〇（平成一二）年四月五日、森喜朗政権が発足します。平野さんは、森政権成立には問題があるとおっしゃっていますね。つまり、マスコミが、「小渕首相を病気に追い込んだのは、小沢一郎だ」というキャンペーンを張りますね。しかし、小渕が倒れたのをいいことに、勝手に後継を決めたのは、村上正邦、亀井静香、野中広務、青木幹雄、森喜朗の五人組です。村上が「森君でいいんじゃないか」ということで決まったという話もあります。

不思議なのは、なぜそこに、池田行彦総務会長がいないのか。意図的に宏池会をはずしたわけですか。

平野　そのとおりです。小渕政権末期から話しましょう。小渕政権は自由党と連携して自自連立をしますね。自自連立には変なのが入っていないんですよ。

佐高　公明党が入っていない。

平野　公明党が入るまでは、小渕首相と小沢党首は真面目に政策協議をしていました。ところが、あとでわかるんですが、野中官房長官は別の思惑を持って動いていた。

佐高　そのころ、私は野中に近かった。

平野　私は野中広務の何もかも全部知っていますからね。向こうは私に愛と憎しみを上手に使い分けしていたけどね。さらに公明党とも連携して自自公連立になりますね。

佐高　自由党が公明党の座布団に使われた。

平野　そうです。小沢自由党は自自連立や自自公連立で、消費税の社会福祉目的税化、国連中心の安全保障や地方分権などを実現しようとしていました。しかし、一部の政策で自公に加えて民主党も合意するようになると、もう自民党が政策協議を真剣にしなくなるんです。これでは自由党の改革路線は行き詰まることになる。自由党が支持者から大きく批判されて、連立離脱の話になるわけです。

　そのとき、経済評論家の……。

佐高　長谷川慶太郎。

平野　小渕首相の使いの長谷川と私が連絡役でした。自由党離脱のセレモニーとして最後に党首会談をやることになります。

佐高　共産党を卒業した人と、共産党に入ろうとした人が会ったわけですね（笑）。

平野　冶金を学んだ人というのは面白いよね。

佐高　長谷川は大阪大学工学部冶金学科出身。錬金術の人。

平野　党首会談の日程が決まった翌日、私は長谷川さんを介して、小渕首相から小沢党首へのメッセージを受け取りました。その内容は、

「このままの日本ではダメになることは目に見えている。できれば、自民党も自由党もいったん解党すべきだ。そして、新しい理念と政策のもとに、同じ考えの人たちで結集して日本を再生させなくてはいけない。しかし、いまの自民党指導者にはそれを理解できない人たちがいるから、実現するのは難しい。とりあえず、一ちゃん（小沢一郎）の好きなようにしてくれ。総選挙の前後に改めて相談したい」

というものでした。小渕と小沢の意見は基本的に一致していました。

佐高　事実上、小渕の遺言になったわけですか。

平野　そうなりますね。四月一日午後六時からの党首会談が終わった直後、野中幹事長が一枚の紙切れを、小渕首相に記者団に発表するよう渡します。それは、小沢が政権を離れるというものではなく、小渕の方が自由党を切り捨てるという内容だったんです。

小渕首相の記者会見をテレビで見ていた専門医は、首相の表情に脳梗塞の初期症状が現れていたと語っていました。

佐高　つまり、野中にそう言わされたわけですね。

平野　そうです。

青木幹雄の嘘

平野　急に総理が倒れるという緊急事態に直面して、政治のリアリズムですから、非公式な会合はあってもいいでしょう。しかし、少なくとも党の三役は参加させなければいけない。むしろ、そういうときのための三役です。一番おかしいのは、森幹事長、亀井政調会長がいるのに、池田行彦総務会長がいないということです。つまり、宏池会の人間を入れずに、五人が仕切ったということになります。

佐高　青木官房長官、村上参院議員会長、野中幹事長代理の五名ですね。会合の招集をかけたのは誰ですか。

平野　まず時系列を確認しますと、小渕総理が自身の麻痺に気づいたのは四月一日午後一〇時すぎで、順天堂大学附属順天堂医院に入院したのは二日午前一時ごろです。

同日午後七時、青木官房長官が見舞いをして「万事頼む」と小渕総理から言われたと、青木本人は言っていますが、首相死亡後、医師団が記者会見した内容は、「二日午後七時に面会して〈万事頼む〉と言われたということは、医学的に不可能である」というものでした。同日午後一一時、青木官房長官は「首相が過労で緊急入院した」とだけ発表します。翌三日午前に、青木官房長官は「病名は脳梗塞」で、「万事頼むと指示された」と発表しました。小渕総理が倒れたことを最初に知ったのは青木官房長官です。青木さんが電話をかけてメンバーを集めたという話を、私は村上さんから聞いています。

佐高　青木が招集をかけた。青木が一応、臨時首相代理になっていたんですよね。

平野　青木さんが「小渕総理から万事頼むと言われた」と発表したので、そういう流れになりましたが、医師団の見解が本当ですよ。青木さんは嘘をついたわけです。

佐高　青木が最初に相談した相手は村上ですよね。村上がメンバーを決めたわけですか。

平野　村上と青木の相談でメンバーを決めたんでしょうね。

佐高　そうすると、そのとき、もうすでに村上の頭の中には宏池会はないわけですね。

平野　村上と青木の頭の中に宏池会を入れる気持ちはなかったんだと思います。

佐高　もし池田がメンバーに入っていたら？

平野　必ず混乱すると思ったんでしょうね。

佐高　村上は中曽根直系ですから、加藤は大嫌いなわけですよね。では、なぜ池田をはずしたんでしょうか。

平野　なぜ宏池会をはずしたか。当時の状況を考えると、加藤さんは小渕総裁と総裁選挙を争った人であるということと、あのころ、加藤さんは結構、政治のあり方を語っていたということがあります。その背景には、自自連立を協議する際に、「小渕の次は加藤」だという担保があったからです。要するに、小渕の後継を決めるときに、加藤紘一が総理になる可能性はかなり高かったと思いますよ。

佐高　宏池会の要求を小沢自由党が呑んだから、自自連立ができたわけですからね。

平野　だから、五人組の会合に宏池会の池田行彦を入れていたら、たとえ非公式の場であっても、加藤の名前を出したと思うんです。

佐高　もう一つ具合が悪かったのは、池田は宏池会だけど、加藤とは仲が悪かったという事情もありますね。

平野　しかし、総務会長ですからね。そう簡単に公党間でなされた約束を破るわけにはいきませんよ。憲法制度的な話をすれば、議院内閣制だから自民党の中で小渕総理の後継者をどうするかという手順を作るのは当たり前ですが、主要な派閥はそこに入れなければダメですよ。

佐高　自民党の中で決まっていた話でもある。

平野　それから、総務会というのは、いわゆる党の決定機関ですから、そんな重要な会合に総務会長がいないというのは、政権の正当性にとって致命的なんです。

佐高　村上正邦の後ろに中曽根康弘がいて、中曽根の傍にナベツネがいるという図式も見え隠れしますね。

懲罰動議を食らう

平野　私はクーデター発言をして懲罰動議が出されたんです。

佐高　クーデター発言をしたんですか。このときに？

平野　そうです。当時、「森政権はクーデター政権だ」と言った人間が二人いました。一人は私で、一人は当時の石原慎太郎都知事です。

佐高　それは聞きたい。

平野　平成一二年の四月二五日、テレビ中継の入った参院予算委員会で、私は憲法が正しく解釈運用されたのかどうかを問い質したんです。小渕前首相の病状経過などの十分な情報が開示されていない中で、次の趣旨の指摘を行いました。

憲法運用を乱用したことは、小渕総理の人間としての尊厳を冒瀆したことだ。事実を追うと、小渕総理が脳梗塞で入院し、意識不明という状況にもかかわらず、医師団の公式発表も行わず、五人組が藪の中で談合して自分たちの権力維持のため、青木官房長官を総理臨時代理とし、憲法第七〇条の拡大解釈をして、病気の総理を「欠けたもの」とし、総辞職させて、森喜朗氏を首相とする内閣を成立させた。このやり方は一種のクーデターである。談合クーデターだ。もし森政権の作り方に憲法上問題がないと主張するなら、このやり方で、健康な総理を病院に拉致して意識不明として、医師団に事実を発表させなければ、どんなことでもできる。

森首相の首班指名で、衆院で何票、参院で何票を得て、過半数で指名されているから正当性があるといった問題ではない。医師団の公式発表がないこと、小渕総理の臨時代理の指定、小渕内閣総辞職、後継者として森氏を選ぶプロセスに憲法政治を破壊した行動があった。実に深刻な問題が今日の日本にあることを指摘しておく。

この私の発言に対して自民党は、「総理を病院に拉致して」という部分を不穏当として、取り消しを要求してきましたが、私は「例示として言ったものだ」として応じませんでした。その後も私は、参院本会議や法務委員会で機会があるたびに、「森政権は憲法政治を破壊して、談合クーデターでできたものだ」と発言したんです。自民党・公明党・保守党の連立与党は、私の言動は森政権の正当性を国民に疑わせると危惧し、予算委員会の発言を委員長職権で取り消しました。私はなおもその発言を繰り返したため、連立与党は私を懲罰委員会に付する動議を提出したんです。

佐高　言論封殺じゃないですか。

平野　そうです。だから、私は懲罰委員会で、国会における議員の発言権を政権に不利として封殺するという憲法政治を踏みにじるものだと吠えてやろうと、さらに森政権の反憲法性を論じてやろうと準備をしていたんですが、六月二日に衆議院は解散となり、不発となってしまいました。

憲法を踏みにじっても鈍感な人々

平野　私が言っているのは憲法に基づく政治をやろうということなんです。わかりやすくいえば、首班指名で過半数の得票を得たからといって、嘘を土台にして作られた首相、政権に正当性があるわけがないということです。

憲法七〇条は「内閣総理大臣が欠けたとき」は、内閣は総辞職しなければならないと規定しています。「欠けたとき」というのは、「首相が亡くなったとき」という意味です。小渕総理は病気で入院しているのだから、それには該当しない。

佐高　「欠けたとき」の場合を勝手に拡大解釈しているわけですか。

平野　そうです。しかも、ただの病気ではなくて、もう小渕さんは意識不明でした。青木官房長官に「万事頼む」なんて言えなかったんです。そうすると、青木さんには代理権限はないから、閣議を開くこともできません。仕切る権限がないから。

総理が意識不明の場合に、どうやって次の政権を作るかについて、憲法は規定していないんです。ということは、憲法運用をどうするかという話になります。もし私がやるのであれば、まず閣議に準ずるものを開きます。党の三役と官房長官が必ず入った閣僚懇談会のようなものを作って、そこで協議して総理の臨時代理を決めるという手順を踏みますね。

佐高　自民党が政権の正当性を言うとき、宏池会もそれに賛成しちゃうわけですよね。

平野　これは明らかに自民党の憲法違反なのに、国会も何も言わない。憲法学者も何も言わないんだからね。クーデター五人組の中には、東大法学部出身の亀井もいたんですよ。結局、森政権は一年も持たなかった。自分が嫌になって辞めました。面白いのが、お金のことに関わるんですけど、森首相をグレードアップすることを考えるんです。

急遽、プーチン大統領との会談をセットしました。プーチン大統領と会わせるには、周辺に金をばらまかなければいけない。鈴木宗男が機密費から五〇〇〇万を持って話をつけに行くわけです。だけど、金が余って持って帰ったという話があります。聞いたことないですか。

佐高　知らない。

平野　当時の官邸番の記者はみんな知っていますよ。

佐高　鈴木宗男の傍には、佐藤優がいたんでしょうね。

平野　結局、自民・公明に、自由党から分裂した保守党の三党による連立政権の森内閣が成立して、政権が経世会から清和会に移ります。森政権の末期にいわゆる加藤の乱が起きますが、清和会の政権に歴史的に反対してきたのは宏池会なんですよ。

佐高　自民党の中のクーデターによって、政権が清和会に乗っ取られたわけですね。その後、森、小泉、ちょっと麻生を挟みながら、いまの安倍へと、ずっと清和会政権が続いていきますね。

池田行彦をはずしたのも問題ですが、政治家としての器量の問題がチラつくんですよ。池田行彦は大蔵官僚出身で、池田勇人の娘婿です。なんかそれを鼻にかけて、「加藤紘一、何する者ぞ」みたいな感じがありましたね。対する加藤もそれを抑えきれなかった。

平野　加藤さんもおかしいけど、行彦さんもちょっとおかしい。

佐高　池田、おかしいですよね。

平野　池田行彦というのは酒が好きでしてね。結構、私と仲良かったんです。小沢や私が自民党を出て新党を作ったときに、提携する相手はやはり宏池会ですからね。だから、池田行彦総務会長とは定期的に飲んだんです。だけど、ちょっと変な癖があってね。こっちが料亭に招いているのに、「Aさんはそこ、Bさんはそこ、平野さんは宏池会だからここ」と仕切って、座る席を勝手に決めるという癖があったんです。そういう酒飲みだった。

佐高　池田の感覚からすれば、平野さんは自分の陣営だった。

平野　そう。私は行彦さんの奥さんから、何年もバレンタインのチョコをもらっていましたからね。そういえば、小沢幹事長が北朝鮮に行って、七年間も抑留されたままだった船長を取り戻してきたことがあったでしょう。

佐高　紅粉《べにこ》勇《いさむ》船長。

平野　あのとき、池田行彦が一緒について行くんですよ。それで、池田が亡くなったときに、これは異例なことだけど、奥さんから、「主人の追悼演説を小沢さんにやってもらいたい」という申し出があったんですよ。自由党の党首が自民党の宏池会の人間の追悼演説をするなんて普通はやらない。だけど、小沢は引き受けた。小沢は私に、「あんたが一番、池田さんのことを知っているから、原稿を書いてくれ」と言うから、そんなのは事務屋に書かせればいいと断った。すると、「あんたが原稿を書くことがわかっているから、奥さんは俺にやってくれと言ってきたんだ」と言われ、うまく騙されて書いたんです。結構、格調高い文章ができたと自賛していたんです。

そうしたら、小沢が演説の一部を変えたから、「調子のいいことを言って騙して書かせておいて、中身を変えるとは何事だ」と私は怒ったんです。

佐高　どこを変えたの。

平野　団長の小沢の判断で船長の取り戻しに成功したが、池田はよくフォローしてくれたと私は事実そのままに書いたところが、「成功したのは池田行彦のおかげだ」と変えた。まったく、この男はここまで……。

佐高　やるんですね。東北の男ですよ。

平野　池田行彦は典型的な広島の街道筋の男なんです。小沢は自分の手柄なのに、と私はびっくりしたんですよ。

佐高　謙譲の美徳ですね。謙譲が背広を着て歩いているのが東北の男だから。

そういえば、加藤紘一の奥さんの加藤愛子がこんなことを言うんですよ。へえと思ったのは、加藤紘一はそれこそ大平直系でしょう。女の目から見て、「池田勇人と大平正芳は、オーラがぜんぜん違う」と言いましたよ。「大平は、あまりオーラを感じない」みたいなことを言っていましたね。

平野　加藤さんが不幸だったのは、黒金泰美という男がいい男じゃなかった。池田内閣の官房長官までやったのに。

佐高　黒金は九頭竜川ダム開発汚職事件に関わっていた人で、石川達三の小説『金環蝕』のモデルです。映画化されて黒金を仲代達矢が演じましたね。

平野　本当は、黒金が加藤さんをしっかり育てなければいけないんですよ。そういうことをしなかった。

佐高　なぜ池田勇人はそういう人を官房長官に据えちゃうんですかね。

平野　大平よりずっと先輩ですから。

佐高　山形の米沢生まれなんですよ。これも池田と同じで大蔵官僚出身。

平野　米沢の造り酒屋の息子。「初孫」でしたっけ？

佐高　「初孫」は酒田です。「初孫」を汚さないでください（笑）。

平野　黒金の奥さんの噂を聞いたことはないですか。

佐高　いや、知らない。確か、子供がいないんですよね。

平野　これがなかなか発展家で新聞記者と不倫していた噂がしきりでしたよ。

佐高　酒屋の嫁が発展家か。発酵していたんですね（笑）。

第六章　公明党・創価学会という病

創価学会に強い議員が自民党を支配する

佐高　創価学会と公明党を取り上げたいと思います。創価学会と公明党は別物という意見がありますが、学会員でなければ公明党の幹部にはなれないから、両者は別だという意見は通用しませんね。

平野　ええ。公明党の主要な人事権は学会が全部持っていますからね。

佐高　なぜこの『自民党という病』の中で創価学会や公明党のことを語るかというと、いまや自民党議員で創価学会や公明党の票の助けをアテにしなければ当選できない人が大勢いるということなんです。自民党議員の半分以上ですか。

平野　半分どころではないでしょうね。

佐高　自民党の選挙区の自分の票だけでは当選できない人が大部分であるということは、その大部分が学会票を借りなければならない。そうすると、自民党の中で学会に強い人が自民党を支配するという構図になるわけです。それは誰かといえば、かつては野中広務であったわけですね。野中のカウンターパートは学会の八尋頼雄《やひろよりお》（副会長）ですね。

平野　公明党には弁護士出身の国会議員が多いですが、彼はその親分格の人です。安保法制の成立にも寄与した。学会内で利権的なこともやる男だと聞いています。

佐高　それでもまだ野中官房長官の時代は公明党と折衝していた。ところが、いまの第二次安倍政権の菅義偉官房長官の場合は、公明党を飛び越して学会副会長の佐藤浩を相手に折衝しているわけです。

平野　その佐藤副会長が目立ちすぎるということで、いまは原田稔会長と直接やっている。だから、安倍内閣の中では菅官房長官が票を配分するような役割をしていると思います。

佐高　端的にいうと、昔は一応、憲法の政教分離原則という一線を引いていたけれども、いまは政教分離もクソもなくなったという話ですよ。

平野　そのとおりです。例えば、細川護熙政権のときも、海部俊樹を党首とする新進党でも、トップが学会の会長と会うことは絶対になかったですよ。政党対政党という議会政治の原則が守られていました。だから、会うにしても党の人間が会っていましたよ。小沢幹事長が学会の秋谷栄之助（元会長）と会うとか、秋谷の政治秘書役と私が会っていました。

佐高　政治秘書役は誰ですか。

平野　中上政信（副会長）という人です。まともな人ですよ。学生運動の経験者でよく勉強していた。

佐高　第一次安倍政権のとき、安倍晋三が池田大作に会いに行ったという有名な話がありますね。

平野　池田名誉会長がまだ病気になっていない時期ですね。彼は自民党総裁になって首相に就任する直前に、池田名誉会長を極秘に訪ね、小泉元首相が自身の靖国参拝問題でこじらせた日中問題の解決について意見を聞いたという報道がありました。これは学会からのリークです。

佐高　安倍が熱心にメモを取りながら池田の話を拝聴したら、池田が「かわいいやつだ」と言ったとか。

平野　そうそう。事前に安倍に「池田名誉会長の話をメモに取ると評価が高くなる」と振り付ける男がいるんです。「安倍は真面目で、何にでも使える男だ」という池田名誉会長の感想が漏れてきましたよ。この極秘会談により、池田名誉会長が中国側に「安倍に靖国参拝はさせない」と、靖国不参拝手形の裏書をしたということです。

ただ、総理大臣が学会の会長と直接会うということが始まったのは佐藤栄作のときからです。それは佐藤栄作日記に書かれていることだから、明らかなんですが、会談の中身は四方山話が多いわけです。ダイレクトな政治の話はしなかった。総理や官房長官が学会の最高幹部にダイレクトな政治の話をし始めたのは小泉純一郎からです。

佐高　小泉の最初の奥さんはエスエス製薬元会長の孫娘で、親が学会員なんですよね。

政教分離違反が継続

平野　渡邉恒雄は小泉純一郎の応援団でしたから、読売新聞が小泉を持ち上げる太鼓を叩いていましたね。「ちゃんと創価学会に頭を下げておけ」ということで、渡邉の指示で小泉・秋谷会談をやりました。読売新聞は、他社はもちろんそれを知りませんから、特ダネ記事として打つんです。

佐高　政教分離違反ですよね。憲法違反。

平野　私はNHKのテレビ中継のあった参議院予算委員会でその問題を取り上げました。政教分離違反じゃないかと。しかし、小泉はしらばっくれて、のらりくらり。私は策を弄して、そもそも政教分離とは何かを聞き、それを法制局長官に答弁をさせて、周りを固めて追及したら、しぶしぶ政教分離違反を認めました。それ以降、小泉は私をものすごく嫌らしいやつだと思っているみたいですね。

佐高　新聞記事に出たわけでしょう。

平野　読売新聞に記事が出ました。渡邉の狙いは小泉政権が創価学会を完全に支配下に置いたというプレゼンテーションをすることだったんですね。小泉に力がつくと思った。ところが、日本の民衆はまだそれに対しては敏感だったわけです。

佐高　他の新聞は追随して報道しなかったんですか。
平野　いや、なかったですね。
佐高　みんな弱いんですよね。
平野　それは聖教新聞や公明新聞といった創価学会系の新聞を印刷しているのは自分の新聞社ですから、お得意様です。
佐高　最初、毎日新聞だけが印刷していたのに読売新聞に半分取られたんですよね。
平野　その按配をやったのが渡邉恒雄。他社が印刷する部数まで決めていることを自慢げに話すのを私は聞いています。
佐高　私は平野さんほど深く関わっていないですから。
平野　私は深く関わって必ず喧嘩しますから（笑）。

それと、小泉首相がしたもう一つの憲法違反は、田中真紀子外務大臣をクビにしたやり方です。小泉首相がした田中外相更迭の手続きはどうなっているのかと参院予算委員会で質問したんです。小泉が何か問題のことをやるたびに、私は質問していましたからね。

福田康夫官房長官は「小泉総理と田中大臣の会話の中で辞任の了承があったから、持ち回り閣議を経て、陛下の認証行為により依願免になった」と答弁しました。田中大臣の方は記者会見で辞表を出していないと言っている。辞表を出さずに更迭するということは、法律的には罷免《ひめん》なんですね。「大臣が辞表を出さないまま更迭した前例はあるのか」と聞いたけど、質問時間が切れてしまった。この手続きは違法なんですよ。閣僚の進退問題を口頭で済ませることは民主政治国家ではありえないことなんです。辞表が提出されていない大臣を、辞意だけで閣議で了承して、天皇の権限である認証行為を行ったことは、天皇に虚偽の助言をしたことになります。

そうしたら、福田官房長官の使いがやって来て、もう勘弁してくれということになった。私も弱いから、すぐ妥協しちゃうんだよね。これ以上追及しないから、辞表だけは取っておけとアドバイスしました。

佐高　知恵をつけちゃった。

平野　金はもらっていないですよ。

佐高　金の話じゃない。

平野　その翌日の夜、旦那が奥さんの辞表を届けにいくわけよ。

佐高　田中真紀子は「辞表なんかは出さない」と突っ張れば良かったのにね。

平野　そんな知識はないわけです。

佐高　そのとき、私が真紀子と仲良かったら、「出すな」と助言しますよ。

平野　田中真紀子は私を使用人扱いするんですよ。参議院の外交防衛委員会で拉致問題の時でした。集中審議には当然、田中外相が出てきて、小泉首相やみんなの前で、「平野さん、あんたに頼みがあるのよ」と大きな声で言う。「何ですか」と聞いたら、「あなたは随分、大島国対委員長や山拓幹事長の面倒を見たらしいじゃない。私を国際会議に出すように、あの二人に注意してよ」と言ってきた。

佐高　要するに、自分の国会拘束を解いてくれということですね。

平野　田中が国際会議で何を言い出すかわからないから、小泉が監禁したわけです。それにしても、みんなの前でそんなことを言い出すものだから、私は形無しですよ。

佐高　あの人はめちゃくちゃですからね。私も一時期、しょっちゅう真紀子から電話が来ていました。

特高警察と創価学会の蜜月

佐高　創価学会が「反戦・平和の団体」であり、その伝統を持っているという〝神話〟をひっくり返す強烈な本があるんです。高橋篤史著『創価学会秘史』という本です。著者は創価学会がひた隠す戦前・戦中の機関紙誌『新教』と『価値創造』を発掘し、その神話が見事に嘘であって、むしろ特高警察と学会が蜜月関係にあった事実を突きつける内容になっている。

一九三三（昭和八）年に起きた長野県小学校教員赤化事件という有名な事件がありますね。多くの教師たちが逮捕投獄され、そのほとんどが転向して、心に深い傷を負った。その転向した人たちを取り込むために、創価学会の前身である創価教育学会は特高警察の元締めである内務省警保局と緊密に連絡を取りながら折伏《しゃくぶく》していた。また、『価値創造』ではヒトラーの『我が闘争』を肯定的に紹介していることも著者は指摘しています。戦前・戦中の機関紙誌『新教』と『価値創造』は学会の図書館でもいまは見られないそうです。学会が全部隠していている。

では、なぜ初代会長の牧口常三郎は治安維持法違反や不敬罪で逮捕され、獄死しなければならなかったかというと、それは国家神道ではなく日蓮正宗こそが唯一絶対に正しい教えであることを強調するため、「天皇も凡夫だ」と言ったり、「伊勢神宮など拝む必要はない」とか「禅天魔」とか、他宗に対して排他的に訴えたからです。

つまり、平和勢力であったから弾圧されたのではなく、その排他的性向のせいで弾圧を受けたというのが真相です。弾圧されたから平和勢力だというのは詭弁《きべん》もいいところです。

平野　特高との関係は知りませんでしたね。

佐高　それと見逃せないのは、実業家というか、初期から創価教育学会には金融業に携わっているのがやたら多いんです。池田はそもそも金貸しですからね。

平野　高利貸しでしょう。

佐高　第二代会長の戸田城聖の下で業績を上げていった池田大作が戸田の後継者を名乗って第三代会長になっていくという流れを見てもわかりますが、学会の中で実業家グループがかなりの力を持っていた。『価値創造』の創刊号に「損よりは得を、害よりは利を、悪よりは善を、醜よりは美を」と牧口は書いて、現世利益主義宣言をする。それを受けて金融業に携わる者が「信仰は事業のバロメーターなり、信仰強盛ならば即ち事業盛んなり」と発言している。これは学会にとってものすごく痛い話だと思いますね。

平野　当時、共産党員もだいぶ転向するじゃないですか。

佐高　共産党員で学会に入った人もたぶんいるでしょうね。当局のお墨付きを得て学会員を拡大していく過程を丁寧にたどっているんです。

平野　ファシズムのやり方の一つのポイントです。

佐高　それなりに教養もある転向者たちを学会は見事に拾っていく。それが逆に今度は学会の尖兵になって出て行くわけですよね。

選挙は創価学会の布教戦略の手段

平野　私は学会の人とのつき合いはいっぱいありましたが、折伏されたことはないですね。

いまの話は戦前の創価学会の折伏ですが、戦後の創価学会の布教戦略、折伏の核は選挙なんですね。秋谷元会長が「私は選挙分析のエキスパートだ」と言ったことがあるんです。幹部はみんな選挙の専門家ですよ。学会は選挙を広宣流布の重要な手段として使っているんです。

佐高　学会員の位は現世利益で上がっていくでしょう。

平野　位牌の字の数とか、極楽へ行くときの何かだとか。

佐高　教学の人も試験を受けて上がっていく。だから、受験勉強の延長ですね。努力すれば報われるみたいな現世利益集団というのが創価学会の実質ですよね。実際、日蓮宗から破門された。

平野　「創価学会が政治団体で、公明党が宗教団体だ」という話を私は聞いたことがありますよ。

佐高　なるほど、都合良く使い分けをするんですね。

平野　反省的に考えてみますと、われわれが騙されたんですよ。私が創価学会の暗部を書いた『公明党・創価学会の真実』の冒頭で私は、政治学者の京極純一先生のアドバイスを聞き入れておけばよかったと反省しているんです。京極先生は高知の人で、私が高校生の時分からかわいがってもらいました。

佐高　ちょっとユニークな政治学者ですよね。

平野　一部分を補足として再掲します。

一九九二（平成四）年、私が参院議員として国政に参加したとき、京極先生から「公明党・創価学会との提携による政治改革は問題が生じるよ」と注意を受けた。この注意を無視して、私は公明党・創価学会の改革派といわれる人たちを信じ、五五年体制と自民党政治に幕を引くために突っ走ってきた。一度は細川政権として成功したが、結果として公明党・創価学会は自身の中にいる改革派を排除し、自分たちの私利私欲追求を国民全体のためと偽って、「改革詐欺」の小泉純一郎首相を助けている。このままでは、日本は衰退から崩壊の道へ向かうことは目に見えている。

佐高　罪を犯した人の懺悔《ざんげ》だから価値がありますね。

平野　第二次安倍政権でも自民党堕落政治がなぜ続いているのか。その理由は、公明党・創価学会が民主政治を冒瀆するような国会運営や選挙協力をしているからですよ。

創価学会と親密なのは岸・安倍一派

佐高　平野さんの本を読んで納得したのは、自民党の中で創価学会と親密なのは岸信介や安倍晋三、つまり、いまの安倍一族なのだということです。なぜかそれが忘れられている。

平野　なぜ忘れているのかといったら、清和会全体が創価学会を相手にしないという雰囲気で占められているから、それに隠れているんです。

佐高　かつて言論出版妨害事件というのがありましたね。内藤国夫が書いた『公明党の素顔』と藤原弘達の『創価学会を斬る』という二つの本に対して公明党・創価学会が出版妨害を行ったことが国会でも問題として取り上げられ、「池田大作名誉会長を証人喚問すべきだ」という声が高まった事件です。当時、幹事長だった田中角栄がその収拾に尽力したということで、公明党は田中角栄以来、竹下派、小渕派、橋本派というラインとの関係が深いと思われているんですね。

ところが、本当は岸信介の方が創価学会との関係が深かった。創価学会の式典に岸首相が出席する予定でしたが、反対されたために、名代として岸夫人、娘の洋子、夫で首相秘書だった安倍晋太郎の一行が参加するんですね。第二代会長の戸田城聖は岸が自民党幹事長の時代からつき合いがあり、親交を深めていた。

平野　岸元首相が亡くなったときには、聖教新聞が一面トップで大きく報じ、追悼記事を組んだほどです。私に言わせれば、岸信介は権力のためなら、人権問題であろうが、宗教問題であろうが、何でも利用するという人物です。安倍首相はそのDNAを引き継いでいる。

佐高　例えば、北朝鮮への帰郷運動問題にも、岸が関わっているみたいですね。つまり、不都合な人間を一掃してしまおうということです。私が辛淑玉《シンスゴ》と対談したときに、辛淑玉が調べてきましたよ。

平野　それもあったかもしれませんね。

佐高　あのときは産経新聞までが「北朝鮮はいい国だ」と提灯記事みたいなものを書いています。保守勢力の意志を感じますね。

平野　岸元首相と違ったやり方で創価学会を利用したのが佐藤栄作元首相です。一九九八（平成一〇）年に出版された『佐藤栄作日記』を調べてみてわかったのですが、佐藤栄作は「人事の佐藤」を髣髴とさせるような方法で公明党を動かしていました。

例えば、一九六七（昭和四二）年の特別国会で成立した、自衛隊の増員や防衛費の増額を内容とする防衛二法の改正案です。公明党は「平和と福祉」という創価学会の大義名分を無視できませんから、ほかの野党とともにこの法案に強く抵抗します。ところが、私は園田直衆院副議長の秘書としてその成立工作に関わりましたが、衆院予算委員会では乱闘騒ぎまで起きたのに、参院ですんなり成立したことを不思議に思っていたんです。『佐藤栄作日記』を読んで驚きました。佐藤元首相は大津正首相秘書官を通じて池田名誉会長に要請し、公明党に働きかけていたんです。そのほか、日大の古田会頭のような大学人を仲介役として使ったり、都議選で公明党が全員当選すると祝意を伝えるなどさまざまな方法で信頼関係を作っていました。

平野貞夫と公明党との出会い

佐高　平野さんは公明党が政党としてやっていけるように、いわば家庭教師をしたということは、まさに生みの親というか、製造物責任を問われても仕方ないわけですね。

平野　そのとおりです。私は別に否定しませんよ。

佐高　それを居直りというの。

平野　佐高さんから詰問されることを覚悟していますよ。

佐高　じゃ、公明党とのきっかけから伺いましょうか。

平野　私と公明党が結びつくきっかけは、一九六七（昭和四二）年一月の衆院選で公明党が衆議院に進出したときです。健康保険料値上げの健康保険特例法案の強行採決で徹夜国会が続く中、公明党が事態の収拾に乗り出し、国会運営を正常化したことがありました。私はその紛糾に園田副議長秘書として関わりましたが、そのとき、朝日新聞の柴隆治記者

から、

「公明党は創価学会という宗教団体が作った政党だ。他の宗教を排除したりして、思想信条について異なる意見を認めない傾向がある。公明党の国会議員は真面目な人が多いが、議会政治を理解するのに時間がかかる。別の思想を認める相対主義の議会政治に慣れるかどうか気になるところだ。

国会の手続きなどで困ったときには、平野に聞けと幹部に伝えてある。相談に乗ってやってほしい。出世に影響があるかもしれんが、公明党がおかしくなれば、日本の政治がおかしくなるので、大事にしてくれ」

と半ば強要されて公明党と関わるようになったんです。

佐高 公明党が自ら作ったんじゃなくて、平野さんや柴たちが公明党を作ったんでしょう。柴という公明党お抱えの記者がいたわけですね。

平野 酒で死んだけど、千葉の銚子出身で一橋大卒の真面目な男ですよ。

佐高 真面目だから一番困る。政治犯罪の自覚がない誰かさんと一緒。

平野 柴記者は河野派や宏池会の担当で、公明党の竹入義勝元委員長とすごく仲良かった。「どのみち学生運動ばかりしていたから、役人としては出世しないぞ」と柴は私に直言してくれたこともあります。私自身もそう思っていましたけどね。

佐高　柴記者は平野さんより年は上ですか。

平野　五つぐらい年上。前尾議長秘書のころ、彼は政治部になって編集局長にならずに死んだ。生きていたら朝日新聞の社長になっている人ですよ。

その彼が私を公明党にくっつけたんです。こちらは国会の実務的な話をすればいいわけだけど、向こうは議事手続きに限らず、いろんなことを相談してくるわけです。もちろん、公明党だけじゃないですよ。衆院事務局は政党や国会議員から問い合わせがあれば、原則として応えなければならない部署です。それ以上に、そのころの事務局は一つの党に信頼を失ったら全党の信頼を失う、一つの党に信頼を受けたら全党の信頼を集めるという構えで動いていましたから、自民党も相談に来るし、社会党も共産党も相談に来る。どの党も喜んでくれましたよ。

社会党の場合はこんなこともありました。国際平和協力（ＰＫＯ）法案の強行採決のあと、私は山花貞夫書記長から社会党の役員室に呼び出されて、「採決確認の議事の法的根拠は何か」と詰問されたこともあります。収拾案を作ったのはおまえだから、答えろということですが、筋違いですよ。

いろいろ言うから、「事務局の人間にそんなことを聞くことは理解できない。何があったかを認定するのは特別委員長だ。強行採決の速記録の用紙を奪っておいて、何を言うか。

われわれにすれば業務妨害である。特別委員長の認定したものを確認するのは私の役目で、私が確認したんだ」と私も言い返したんです。

佐高　平野さんがそう言ったの？

平野　そうそう。でも、そこから先が悪かった。「採決確認を理屈で考えないでくれ。これは議会政治の知恵だ」と言ったところへ、土井たか子（元委員長）がパッと入ってきたものだから、私の言葉が耳に入ってしまった。すかさず、「平野さん、あなたは自民党にばかり知恵を出さず、国民のために知恵を出してよ」と土井さんに聞き咎められました。

佐高　なるほど、それは正しい。

平野　「党派を問わず誠実に対応している私の立つ瀬がない。社会党の暴力行為も含めて議事の妥当性について議運の公開の席で議論しましょう」と言ったら、「平野君、そう怒るな。社会党の強硬派が山花書記長をつるし上げるので、その練習なんだ」と田辺誠委員長がその場を収めてくれました。

佐高　そういうのばっかり。山花や田辺は本番で練習しているから筋を貫けない。

平野　私には議会民主主義という筋がありますから。

公明党を彩る面々

佐高　平野さんは家庭教師のように、公明党の人たちに国会運営の初歩から教えたわけですが、公明党の人たちをどのように見ていましたか。

平野　当時は高学歴の人が少なかったですね。人材的に揃っているのは東京都議会です。歴史的に公明党は東京都議会から始まるわけですから当然かもしれませんけど、ここに一番いい人材が行く。その次に参議院。三番目が衆議院。

佐高　昭和三、四〇年代ですか。

平野　そうです。そのころの印象です。例えば、大学卒でもほとんどが夜間でしたね。高校卒も多かった。関取出身もいましたからね。

佐高　プロ野球のピッチャー出身もいましたね。

平野　あれはいい方です。

佐高　市川雄一（元書記長）はどっちですか。

平野　市川は衆院議員で早稲田の夜間。これはちょっと問題がある。頭が良くてコンプレックスがありました。本当は東大に行けたんじゃないですか。頭脳明晰で記憶力もいいし、論理性もある。性格的にはバランスがちょっと悪かったけどね。二見伸明（元政審会長）は早稲田の修士卒だから原則的な理屈を知っている。

佐高　支持者の問題で言うと、要するに、創価学会と共産党は支持者層が重なっていますが、支持者から見ると、共産党は宮本顕治以下、すでにインテリ層が指導者になっているから、どこか弱いんですよね。

平野　公明党も共産党も、党内の幹部を選ぶときは東大出身者を選ぶという共通点もありますね。

佐高　共産党の方は歴史があるから、幹部はもう東大で固まっている。公明党の方は池田大作からして富士短期大学。

平野　出ているのか出ていないのか、わからないような感じで。

佐高　つまり、コンプレックスを持っているけど、土壇場の火事場の馬鹿力は公明党の方が持っていますね。

平野　最近の創価学会の会長というのは、ほとんど東大出じゃないですか。

佐高　秋谷栄之助は？

平野　あれは早稲田です。

佐高　いまの原田稔会長は東大ですね。

平野　学歴のない人というのは苦労した人が多いでしょう。だから、社会党と合うわけです。むしろ、偉そうにしている自民党とは合わない。権藤恒夫さんみたいに斬った張ったから足を洗ったような人もいるわけですから。

戦争被害者もまだたくさんいて、身内に戦死者もいた時代ですから、人権と平和とか難しいことを言わなくても、政治家として公平な分配や弱い者を助けるという感覚が、多くの公明党の人たちの体に染みついていました。だから、自民党の人とは合わないけれど、自民党は創価学会を票田として使っているという構造になっています。

佐高　小沢一郎が新進党をつくったころ、小沢と創価学会が一緒になったということで、自民党がいわゆる四月会を結成して創価学会をすごく批判しますね。

平野　そのとおりです。創価学会はごく限定的なものとはいえ、初期の段階から社会党や民社党と票のバーターをしていた。だから当時の自民党、特に田舎の有力者のコモンセンスからすれば、「俺たちのルーツ、俺たちの文化とは違うな」という意識があったと思います。そういう反創価学会的な気持ちを初めから持っている人々の代表が加藤紘一元官房長官や後藤田正晴元官房長官です。後藤田さんは警察情報で昔のこともよく知っているし、「創価学会を妙な形で権力の中に入れたら大変なことになる」と思われていたようです。

佐高　自民党の中にも票をもらっている人もいれば、学会を自民党から排除しようという人もいた。

平野　創価学会の中にもまともな人たちがいましたよ。立正佼成会は完全な自民党支援ですから、学会の人は立正佼成会などと戦っているわけです。しかし、宗教の自由、信仰の自由への迫害がなくなれば政治活動をある程度抑えるべきだという意見を持った人も学会には存在しました。

小沢一郎が個人的に創価学会の人と会うようになったのは、おそらく私が関係していたこともあってでしょうね。そうでなかったら、直接は関わっていなかったかもしれません。

市川雄一との初対面

佐高 公明党の中で一番家庭教師として面倒を見たのは、誰ですか。
平野 最初は大久保直彦。私は衆院事務局の人間ですから、接触する相手は議院運営委員会の理事が窓口になります。議会の手続きのことで相談に乗るわけです。大久保直彦に始まって、山田太郎、そして、権藤恒夫に替わっていきます。その人たちが党に戻って、党の政策や政局に関わっていきます。だから、手続きに関連して、党のあり方みたいなものまで相談してくるようになりました。二見伸明は議運ではなかったけど、同世代ということで親しかった。
彼らはまともな人でしたよ。変な創価学会の毒がなかった。二見さんは考え方が中道で、早稲田で習ったデモクラシーを基本にしていました。権藤さんは自民党の足りない部分を公明党は良くしていくんだという立場を取っていました。彼は福岡出身で県会議員から国政に出た人です。県議で同期だったのが山崎拓（元副総理）です。

佐高　そのころ、竹入義勝（元委員長）や矢野絢也（元書記長）は？

平野　すでに大幹部です。竹入さんは陸士の予備学生だった人で、当初から池田名誉会長との間に距離感があったようです。

佐高　年代的に池田と竹入はすごく近いんですよね。

平野　大久保さんが議運の理事から国対委員長を経て書記長になると、大久保書記長、市川国対委員長というラインになりました。市川と私は同い年で、赤坂見附の「辻留」などでよくコミュニケーションを取りましたよ。

佐高　浄財を使って立派なところで飲んでいますね。

平野　そういうこと（笑）。国会運営もうまくいっているし、世間からも公明党の評判がいいということで、公明党の人たちから私は非常に評価が高かったんです。それに対して、市川は斜めから私を見ているわけです。同い年ですから、平野ごときが何様だと。

初対面のときに市川が「あなたは公明党では諸葛孔明と言われているが、俺はそう思わんぞ」という話から入ってきたんですよ。俺の国会対策の基本はこれだと言って出した本が、丸山眞男『日本の思想』です。

佐高　秘話ですね。

平野　これは困ったと思った。

佐高　インテリコンプレックス。

平野　おだてるしかない。私が公明党に対してするアドバイスに私心はないですからね。公明党の一番嫌がることであっても真正面から指摘していました。それがかえって、衆院事務局や自民党にとっても良かった。私がパイプ役であることをありがたがったんです。

佐高　直接接触したくない相手だからですね。

平野　社会党が独自に変則的なことをするときには、ヤマツル（山口鶴男・元書記長）や清水勇（元国対副委員長）が相談に来ました。トンちゃん（村山富市・元国対委員長、元首相）は面白かったですよ。消費税でもめた時、「議長に公開質問状を出したいのだが、それを書いてくれないか」と言われたことがありますよ。質問の回答も私が書くんですけどね。共産党は寺前巖（元国対委員長）が私のところへ情報を取りに来ましたね。

佐高　寺前は京都ですよ。

平野　前尾さんが京都だから、私も大事にされたんです。

消費税賛成で変質した公明党

佐高　公明党は最初、中道政党を目指していましたね。どのへんから公明党はおかしくなっていったんですか。

平野　私に言わせれば、公明党が衆議院に進出した一九六七（昭和四二）年以降、事務局で私がいろいろな相談に乗っている間は健全だったんですよ。前尾元衆院議長はよく中道と揮毫していましたが、それが偶然、公明党の方針と一緒だったことが幸いして、大久保直彦が国会運営を支えてくれたり、一九七八（昭和五三）年四月の京都府知事選では竹入委員長と提携して戦ったりして、公明党は順調に中道路線を歩んでいたんです。

どこで変化が起きたかというと、消費税問題です。消費税制度を作ることに公明党が積極的に協力したんですよ。消費税を福祉目的税にすることはできませんでしたが、消費税制度が公明党の協力でできたということが、その後の政党再編や安全保障問題の変化につながっていくわけです。

佐高　よそごとみたいに言っているけど、そのように導いた人がいるわけでしょう。

平野　これはやっぱり神さんか、仏さんの……。

佐高　神様じゃないですよ。人為です。

平野　確かに導いたかもしれませんが、結果的に消費税制度を作ったことによって、いわゆる自社五五年体制を壊すことができたということがいえると思います。

佐高　平野さんから見れば自社五五年体制を壊したのでしょうが、社会党だけが取り残されたということでしょう。

平野 いや、自民党も割れたんです。社会党の中にも消費税賛成派がいて、彼らは三％ではなくて、五％から始めろと主張していました。

佐高 それは誰ですか。

平野 堀昌雄、武藤山治などです。議運の筆頭理事だった広瀬秀吉がこう言いましたよ。「社会党も真剣に消費税というものを研究しなければならない。この時代に物理的抵抗をするわけにはいかない。ヨーロッパに消費税の視察に行きたいが、どういう国に行けばいいか」と相談を受けたんです。

私はそんな相談をされるくらいに信頼があったけど、やめておきなさいと答えました。なぜだと聞くから、「ヨーロッパで高い消費税で国を運営しているところをご覧なさい。みんな社会党が政権を取っていますよ」と申し上げた。

佐高 そのとおりですよ。

平野 消費税は悪税で、配慮が必要な税制ですが、福祉を確実にするためには必要な税制なんです。

佐高 でも、悪用していますよね。

平野 悪用どころではない。乱用ですよ。だから、われわれは怒っているんです。

竹下元首相の話ですが、消費税を本格的に導入すると決意声明を出したら、それまでは社会党の土井委員長の活動費は官房機密費から出ていましたが、決意声明以降、社会党はそれを取りに来なくなった。社会党の窓口は井上普方（元衆院議員）です。

佐高　後藤田正晴の親戚。

平野　甥っ子。消費税を導入するということになり、活動費を取りに来なくなるんです。議長からの金はもらっていましたけどね。

佐高　いまの話ですごく面白かったのは、スウェーデンにしろ、政権与党は社会党ですよ。つまり、消費税を考え始めたら、考え方が政権側に行くわけですね。

平野　政権を取らなければダメだという話になるんです。

佐高　そうか。そこが公明党の分かれ目だったんですね。

平野　なぜ公明党が変わったかというと、売上税のときには、池田名誉会長が一揆を起こしてでも潰すと宣言しました。消費税のときには、一転して彼が柔軟な対応をしなければいけないという指示を出したからです。

佐高　もともと蝙蝠《こうもり》だから変わっていく。

平野　そうは言っても、消費税は庶民に一律にかけるものだから、党内に反対が多いわけです。「何か納得する理屈はないか、消費税に賛成するに当たって公明党の政策を考えてくれ」と頼まれて書いたのが、ノーマライゼーションという私のレポートです。

佐高　横文字にしたって罪は免れない（笑）。

平野　すでに公明党にはゴールデンプランという福祉政策があったので、それを拡充するものとして、ノーマライゼーションという理念を導入した福祉基本法の制定を提言してみてはどうかと提案したんです。これは従来の救貧法的な発想から大転回して、ハンディキャップを負った人が安心して生活でき、健常者の暮らしに近い形で社会生活を営める社会環境を整備するというものです。

公明党が国会で提案して、竹下首相がそれを受け入れて一つの福祉政策として実現する。ただし、それを実現するには消費税制度が必要になるという流れで、事実上の消費税賛成に変わっていくわけです。

佐高　何も知らない処女みたいなのに、ある種のセックスを覚えさせたんですね。

平野　そんな楽しくないけど、やり手ババアみたいなことをやった（笑）。

佐高　それで公明党・創価学会は何か天下国家に関わっているような錯覚を覚えていくわけですね。

平野　信者の皆さんに評判がいいわけです。

佐高　ワザを覚えちゃった。

平野　これも懺悔の一つですね。新しい福祉政策の中身は、大蔵省の中島義雄（主計総務課長）、厚生省の岡光序治《のぶはる》（元事務次官）と私の三人で作りました。そんなところへ衆院事務局の人間が入るべきじゃないけどね。

佐高　いまさら白状しても、情状酌量にならない（笑）。

平野　それから、これはおそらく岡光が作ったのではないかと思うけど、介護施設がらみの施策で四〇〇〇億円の予算がついたんですよ。そのとき、厚生族の実力者橋本龍太郎と消費税施行時の厚生大臣の小泉純一郎が福祉業者を集めて事業団体を作り、そこに人や金を入れるというスキームを作るんです。そのスキーム作りに私は入りませんでしたけどね。橋本龍太郎と小泉純一郎はそれで政治資金を作ったんですよ。

佐高　要するに、公明党は思想より実利につくわけですね。それを明らかにしたのは平野さんの功績です。例えば、個人情報保護法でも、最初は反対する。しかし、実利をちらつかされると、すぐ転ぶんです。

平野　転ぶと見るか、成長と見るかね。

佐高　成長じゃなくて、性徴の方でしょう（笑）。

消費税成立の見返りに公明党が望んだ法律

平野　もう一つ、これを聞いたら怒るだろうね（笑）。

佐高　十分怒っていますから大丈夫です。

平野　これもあまり知られていない話ですが、その消費税が成立した一九八八（昭和六三）年に国会周辺のデモ規制の法律ができたでしょう。

佐高　本当にロクなことをやっていない（笑）。

平野　これは創価学会が右翼から街宣活動をしつこくやられたのが原因なんです。

佐高　学会の本部は信濃町にある。

平野　信濃町を静かにする法的な規制ができないかというのがテーマですが、彼らの能力では気がつかない。

佐高　土佐自由党が泣きますでしょう。

平野　正直に言った方がいいでしょう。もちろん、私だけが考えたわけではないですが、国会も右翼の街宣活動がうるさかったので、国会周辺を騒音規制するということは一つ通りますね。それに大使館と政党本部をプラスしたんです。

佐高　政党本部は入れる必要がなかったですね。

平野　公明党本部の傍に学会本部があったからね。騒音規制は政党本部から五〇〇メートル以内という規制だったから、創価学会本部近辺を静かにするためには、公明党本部近辺を静かにすればよかった。

佐高　それは学会から何か陳情が行っていたわけですか。

平野　そうですよ。消費税に賛成できないけど、消費税の成立には協力するという前提で、料亭で協議したんです。

佐高　どこで密談したの？

平野　「波むら」とか。

佐高　向島の有名料亭。

平野　権藤さんがその話を持ち込み、こんなやり取りをしました。

権藤　右翼対策の騒音防止の議員立法の話、政党本部なんかを対象としてくれると、党内説得しやすい。秋谷会長も要望していることだ。

小沢　それは難しい。（中略）国会周辺と在外公館が限度で、憲法問題になる。

平野　それは国会で決めること。行政府の小沢官房副長官が口を出すと問題になる。

（中略）政党本部を入れると信濃町の学会本部も規制の中に入る。衆院法制局で準備している。消費税のためですよ。

このとき、小沢と私が口論になるんです。小沢が「おまえ、国会職員のくせに憲法違反を見逃すのか」と怒りましたよ。なぜその騒音規制の話を受け入れたかというと、前尾繁三郎の遺言があったからです。オイルショックのあと、経済がおかしくなる中で福祉を維持していくためには、どうしても消費税が必要だ。消費税を作るときには立場を超えて協力しろという、死ぬ二週間前の遺言があったんです。

佐高 苦しくなると、だいたい人は遺言に助けを求めますよね（笑）。

平野 ちゃんと日記に書いてありますよ。

佐高 証拠不採用。平野さんの日記だから。

平野 そうですね。そのとき、小沢一郎は「絶対ダメだ。消費税法案に協力してくれなくてもいい」とまで言いました。公明党の連中に対する芝居だと思いますけどね。

佐高 それは小沢が一〇〇パーセント正しい。

平野 私もね、正しいと思った（笑）。

佐高 土佐自由党にはひっくり返る板垣退助というのがいますからね。

平野 あえて反論すれば、世の中は選択だから。街宣活動を規制するのは良くない。消費税制度を作るのも良くないけど、福祉の現状を維持することにつながる。公益性を比べたということですよ。どちらも政治の運用で変えることはできるわけだから。

佐高　でも、変えられないじゃないですか。

平野　そのとおり。私は消費税制度の呪いという言葉を使いたい。消費税を作ったために自民党も壊れ、社会党も壊れ、そして、民主党が割れた。私からすれば、いまの消費税制度は前尾繁三郎が願った消費税制度ではないんですよ。逆に言えば、日本の政治の混乱というのは、消費税制度を作ったことにあると思いますよ。

佐高　犯歴告白はよくわかりました。

当選確実で「創価学会のおかげです」

佐高　公明党は権力に近づいて、ある種のワザを覚えてしまったわけですが、どのへんで平野さんは公明党を見放すことになるんですか。

平野　それに入る直前から話さないといけない。政治改革で改革反対派の水戸天狗党の梶山国対委員長が怒って、土佐勤王党の私も限界にきたという一件があったでしょう。

佐高　土佐自由党と土佐勤王党って違うの？

平野　自由党は明治になってから。勤王党は幕末だから。

佐高　だから、それを都合良く使い分けているんですよ。

平野　勤王党が自由党に変わってくるわけです。

佐高　チェックしておかないと（笑）。

平野　結局、その一件が事務局人事の問題に及ぶんです。私は私大出身だからキャリアになれないことはわかっているし、出世するつもりもないけど、あいつを昇進させるのかという問題が起きたわけです。実際、私が委員部部長になったときも自民党の反公明党グループから「平野は公明党の〝裏国対〟で要注意人物だ」と陰口を叩かれました。

はっきり言って、出来の悪い事務総長ばかりでしたから、私は議長秘書のころから大きな政治問題にほとんど関わっていました。政治に関わることができるような事務総長は弥富啓之助くらいで、その弥富も私をこき使ったわけです。

佐高　だいたい半分ヤクザみたいな人は、衆議院の事務局に入らない。

平野　一九九一（平成三）年一月ごろから、いくつかの筋から高知県知事選挙に出馬しないかという話が降りかかってきました。後藤田正晴が地盤の徳島だけじゃなく、隣の高知もコントロールしたいということで、私を指名してきたんです。内務官僚の悪いクセですよ。中内力という高知県知事が高齢により引退すると。

佐高　四選だか五選だか。

平野　幹事長を辞めた直後の小沢が口説きに来たわけです。小沢にしてみれば、私が喜ぶと思って来たのでしょうが、当然、私は断りました。でも、断り方が悪かった。

「選挙に出たがる人間はバカだ」

　と口を滑らせてしまったんです。小沢もこれには怒ったね。

「勝てる選挙に出ない人間の方がバカだ。平野さんはよく仕事をしてくれたが、あなたは昔から選挙で苦労する政治家をバカにする癖がある。それは間違いだ」

　と説教をしだした。だから、私は啖呵を切った。

「もう事務局に長くいられないことはわかっている。しかし、政治改革、ＰＫＯ、消費税の見直しなどの課題が山積しているのに、私が事務局を辞めてやれるのか」

　私の言葉を小沢は理解してくれました。退職後は政治家の顔の見えないところで魚を釣って暮らそうと思っているという話もしました。

「都知事選敗北で幹事長を辞めたが、海部首相には政治改革では特別委員長をやる約束をしているから、一緒にやろう」

　これで知事選の話は消えましたが、六月末に小沢が心臓病で入院して政治改革は挫折し、私が梶山国対委員長と衝突する中で、宮沢政権が成立するわけです。

佐高　結局、高知県知事選挙では自民党公認候補が大敗して、知事には橋本大二郎がなりますね。

平野　私が知事になっていたら、二年ぐらいで間違いなく高知の談合で縄付きでしょうね。以前、リクルート事件で中曽根証人喚問をするかどうかで与野党が決裂したころ、竹下首相から「政局にどのような考えで臨むべきか、意見を聞かせてほしい」という連絡があり、直ちにメモを届けたんです。消費税制度の成立は政治の構造変化の始まりであり、数年もすれば確実に政党再編が起こるから、それを前提にした改革のビジョンを考えておかなければいけない。ポイントは事態打開のため、国会決議を行うというもので、その内容は、①証人喚問を含む真相解明を徹底的に行う、②政治倫理の確立を誓う、③政治改革の断行を国民に約束する、というものでした。

メモの最後に、こう記したんです。

「これからの政局運営は厳しく、何が起こるかわかりません。大本教の教祖である出口王仁三郎翁は『〈人事を尽して天命を待つ〉という心境では悟りが足りない。〈人事を尽して天命に遊ぶ〉という心境になってこそ、天は力を貸す』と語ったことがあるとのことです」

連絡係の評論家・早坂茂三から電話があり、「竹下総理がとても感謝していた」と聞きましたが、こういう経緯があったので、竹下さんは政治改革派の方に平野が熱心になってはいけないと、経世会から無所属でもいいから参院選で出せ、という動きになったんです。私の知らないところで、野中総務局長などが根回しをしたようです。

佐高　今度は一九九二（平成四）年七月の参院選に出る話が来たわけですね。

平野　経世会の勢力拡大がねらいだとピンときたので、私はこれも断りました。ところが、小沢が「事務局では政治改革をやるには限度がある。ここは騙されたふりをして、国会議員にまずなることだ。それから日本国の改造をやろう」と言う。それでも躊躇していたら、田村元（元衆院議長）から電話があって、「高知の政治は自分が仕切っている。谷川寛三（当時科学技術庁長官）で調整ができているのに、竹下や小沢におだてられて出るなら、俺が谷川の選対責任者になって潰してやる」と怒鳴り散らしたものだから、私の迷いは消えたんです。

佐高　土佐の〝いごっそう〟の血が燃えた。

平野　小沢一郎や権藤恒夫などと全日空ホテルに集まって協議したんです。竹下元首相は小沢、権藤、私の三人の顔を見ると、「まるで兄弟のようだ」と言われましたが、それくらいウマが合いましたね。保守系無所属で出馬して与党の自民党と野党の公明党の推薦をもらうことにしたんです。権藤さんは「与野党推薦の政界再編候補だ」と言って、はしゃいでいましたよ。

佐高 それはやっぱり、長く家庭教師してもらっていますからね。

平野 国政選挙で与野党が推薦するなんて前代未聞ですよ。だから、応援がガチャガチャに入り組んだんです。民社党は県連の推薦止まり。社会党は独自の候補者を立てず、連合の候補者を推薦していたのですが、解放同盟の人たちは私の方についてくれました。社会党の井上泉（元衆院議員）は「俺は人間党だから、おまえを応援する」と言うしね。田辺誠委員長の系列は自民党とのパイプ役として動いてくれました。

佐高 金丸信と田辺誠はツーカーの仲というよりも、ズブズブの仲でしたね。

平野 そうです。宗教関係の票もいろいろもらいました。創価学会が後押ししているのは承知の上で、立正佼成会は推薦状と金を送ってよこし、神社本庁、天理教も応援してくれたんです。

もっというと、実は後藤田さんも陰で応援してくれたみたいですね。ぜんぜん知らない地元の企業から連絡があったので、どうしてかと聞いたら、「後藤田さんから応援してやってくれと言われた」と。そんなことで当選できましたが、ただ、自民党の票は三分の一しか入らなかったので、得票数は少なかったですよ。当選確実は私が第一号で、NHKの七時のニュース中継で、「創価学会の皆さんのおかげです」という言葉がつい出てしまいました。それを池田名誉会長が見て、「これまで自民党も含めていろんな人間を支援して選挙協力をしてきたが、テレビで創価学会のおかげと言ったのは平野一人だ」とびっくりしたらしい。あとで秋谷会長から聞きました。

池田名誉会長が評価した小沢・秋谷会談

平野　新進党と公明党が合流したときも面白い話があるんですよ。また怒られるかもしれない話だけど。

佐高　もう呆れて（笑）。平野さんと小池百合子が手をつないで新進党を作ったんですよね。

平野　新進党ができ、海部党首から小沢党首になり、小沢一郎と市川雄一の一・一コンビの確立と流れていくわけですが、小沢は嫌々ながら党首になって、新進党の党首として代表質問をすることになります。その代表質問の内容を私がまとめました。そこで私が、池田名誉会長の書いた『人間革命』にある「家族の絆」という言葉を入れ込んだんです。絆という言葉がいまのように氾濫していなくて、まだあまりないころです。「小沢は代表質問で何を言うだろうか」とたまたま池田名誉会長がテレビを見ていたら、小沢の口から「家族の絆から人間の絆へ」という表現が出てきた。それがあったから、池田名誉会長は私に対する評価が高かったみたいです。

数日後、神崎武法国対委員長から呼び出されて、頼みがあるという。「これから池田名誉会長の本から何か言葉を引用するときには、事前に言ってくれ」と。代表質問があった数日後、池田名誉会長が公明党幹部に会った時、「絆」の話が出て、石田幸四郎委員長など幹部連中が気がつかなかったらしい。それでこっぴどく怒られた。「学会員でもない平野がちゃんと俺の言葉を使っているのに、幹部のおまえらは知らないのか」と。

佐高 人間革命云々とは言わないいんでしょう。

平野 そこまでは言わない。池田名誉会長は特に言いませんよ。絆という言葉が非常に珍しいころですから、その言葉でピンと来たんでしょう。だから、池田名誉会長の言葉を使うときには事前に教えてくれと言われるくらい、神崎とは絆があったわけですよ（笑）。

佐高 そこが二人の絆の頂点。あとは下りるばかりだから。

平野 公明党が新進党に合流するとき、やはり学会の中で揉めたんです。その合流を決定づけたのが小沢・秋谷会談です。市川が秋谷を説得し、私が小沢に伝えて実現した。池田名誉会長がその会談を非常に高く評価して、小沢への伝言を私が言いつかるんです。

佐高 池田から。

平野 いや、秋谷からの電話です。池田名誉会長からはかかりません。そこのところは創価学会のやり方なんです。池田名誉会長から小沢さんへの伝言の内容はこうです。

「公明党は、創価学会が人と金を出して作った政党なのに、それでこんなにいろいろ悪く言われるのは割に合わない。憲法で認められた信教の自由に理解のある政党ができるなら、公明党という政党はもういらない。日本の民主主義のために公明党を活用してほしい。秋谷・小沢会談は一〇年後まで秘話にすべき内容で、歴史的な意義のある会談だ」。

この会談があったから新進党ができたんです。自社五五年体制を打破して、自民党を解体して新しい政治の軸を作ることをお互いが理解したということです。

ただ、これによって自民党に猛烈な危機感が湧き上がるわけです。非自民連立政権である細川政権ができたときに、後藤田正晴など自民党の指導者たちが「小沢と平野が禁じ手を使った」とさんざん言いましたが、これがまた噴き出したんです。それから、野中広務は「自分が考えていることと同じことを、小沢と平野はやるだろう」と考えていました。

つまり、創価学会と結託して政治活動をやったら、自民党は永久に政権を取れなくなる。いまは野党の小沢と平野もいずれその方向で動くだろうと野中は考えた。そうであれば、新進党を潰し、小沢を蹴落とす。創価学会を叩くしかない。

佐高　橋本自社さ政権のときの宗教法人法改正の動きですね。

平野　そうです。一九九六（平成八）年一〇月に初の小選挙区比例代表並立制による選挙をやりますね。選挙協力問題で学会に騙されたんです。そのとき、創価学会と新進党の選挙協力の話し合いを秋谷と小沢でやるんですよ。小沢が立派だったのは、「創価学会もこれまで他党との経緯もあるから、新進党に全部協力してくれとは言いません。他党を推薦されることは結構です。ただ、約束したことは守っていただきたい」と言ったことです。

しかし、表に出ていませんが、騙されたんです。福岡二区の山崎拓元副総裁など、いくつかの選挙区で約束の反故《ほご》がありました。あとで権藤さんは「あのとき少なくとも七選挙区で裏切りがあった。約束どおりなら、新進党は躍進して第一党になっていた。小沢党首に申し訳ないことをした」と言って、創価学会の幹部を批判していました。新進党はその選挙で一万票以内の次点が七〇人もいたんです。学会にはそういう体質があるんです。

佐高　自民党の竹下・野中ラインの工作ですか。

平野　おそらくそうでしょうね。ただ、七選挙区の場所は言ってくれませんでした。

「密会ビデオ問題」というアキレス腱

平野　公明党との関係が決定的に悪くなったのは「密会ビデオ問題」です。これは住専問題からスタートするんです。

佐高　どういう経緯ですか。

平野　一九九六（平成八）年正月、自社さ連立政権の村山富市首相が退陣し、武村正義蔵相が辞任します。一月四日恒例の伊勢神宮参拝後の記者会見では「引き続き政権を担当する」と国民に約束しながら、翌五日に村山首相は退陣表明をしました。小沢は「予算編成をした首相が、事故もないのに通常国会前に退陣する例はない。連立政権を維持することだけが目的だ」と批判しました。私もこの総辞職は憲法八六条の予算編成権の放棄で、とんでもないことだと思っていましたが、退陣した背景には住専（都市銀行などを母体行に設立された住宅ローン専門の金融会社）に絡んだ予算が政治問題化して、国会運営に自信が持てなくなったからです。

バブル時代に銀行や農林中央金庫、農協の上部団体である県信連などが住専に融資した巨額の資金がバブル崩壊によって不良債権化しました。住専処理として農林系金融機関には一兆二一〇〇億円を負担させることになりましたが、五三〇〇億円しか負担できないという。そこで、農林族の加藤紘一幹事長が暗躍するんです。武村大蔵大臣を通じて、差し引き不足分の六八〇〇億円を予算に組み込み、税金で穴埋めするように大蔵省に圧力をかけた。民間金融機関の救済に税金を使うのはおかしいと、これに大蔵省の事務次官と銀行局長が抵抗した。武村の言うことを聞かなかったんですよ。

佐高　銀行局長の西村吉正には会ったことがあります。その不足分と住宅金融債権管理機構の設立出資金の五〇億円を足した六八五〇億円を予算計上したんですよね。

平野　そうです。平成八年度予算を編成した直後の平成七年の暮れに局長は異動となり、事務次官は辞めるんです。立派な男ですよ。

佐高　篠沢恭助。ノーパンしゃぶしゃぶ事件など不祥事の責任を取ったものと報道されましたね。

平野　何年かして、私は篠沢本人からその理由を聞くことができたんです。武村は住専処理スキームに反対する西村局長を辞めさせろと厳しく指示してきた。配置換えならできるが、クビを切ることはできない。だから、自分が辞めたんだということでした。

平成の官僚にもサムライがいると思いましたね。武村大蔵大臣はこの辞任に驚いたと思いますよ。嫌気が差していた村山首相を口説いて道連れにした。政権を長続きさせたい経世会は橋本龍太郎を首相に持ってくるわけです。

佐高　すぐに首相が村山から橋本に替わった。

平野　その年は住専国会ですよ。「税金の投入はやむを得ない。住専予算はそのまま成立させる」という意見（自民党執行部、社民党、さきがけ、新進党反小沢系）と、「税金の投入を止め、不良債権全体の処理の中で住専を解決する」という意見（新進党の大勢、自民党改革派）が与野党を超えて対立しました。

ところが、野党の新進党は準備不足と党内の足並みの乱れで橋本政権を攻めあぐみます。

自民党は、加藤幹事長、山崎政調会長、野中幹事長代理を中心に新進党内部をあの手この手で攪乱し、総予算の衆院通過の流れができ上がってしまった。こちらは予算を採決させないため、予算委員や閣僚を予算委員室に入室させないようにピケを張って抵抗する作戦に出ました。

佐高　土井たか子衆院議長も、一時はそれに理解を示して、衛視によるピケ排除はしませんでしたね。

平野　ピケ作戦は私のアイデアで一週間ぐらいは成功しましたが、マスコミの批判にあって、世論も冷たくなってしまった。困った土井衆院議長は親しかった新進党（旧公明党）の権藤さんに事態の収拾を打診したんです。ところが、それよりも早く、ピケを張って三日目に権藤さんに圧力をかけていた人物がいました。

佐高　誰ですか。

平野　野中広務です。住専処理で妥協しろと言われたんです。理由を聞くと、「公明党代表の藤井富雄都議らが暴力団の後藤組の後藤忠政組長と会っているところをビデオに撮られていて、そのテープを持っている」という。そこから、「密会ビデオ問題」が政治問題になるんです。

佐高　脅されたわけですね。

平野　「ことは暴力団と公明党・創価学会の問題だ。何かいい知恵はないか」と権藤さんから相談を受けた私は、小沢党首の意見を聞こうと三人で会ったわけです。状況を説明すると、

「創価学会が困るだろう。権藤さん、あなたが窓口になって野中さんと話し合った方がいい。平野さん、あなたは妥協案を考えてくれ。ただし、条件が二つある。一つは予算案を修正すること。もう一つは自民党の中にも経済構造改革の必要性をわかっている人たちがいるので、住専問題を機会に改革の糸口を作ることだ」

と小沢党首は指示したんです。

妥協するにはピケを張ったままではできませんね。そこで、土井議長が困っているという話が出てきたのを機会に、権藤さんを通じて土井議長に調停を呼びかけてもらい、与野党幹事長会談が開かれることになったんです。ここで合意ができれば、新進党はピケを解除することになっていた。

ところが、その直前に社民党の上原康助予算委員長が突如、記者会見し、新進党の国会対策を厳しく批判した。米沢隆新進党幹事長は「公党を侮辱した」と怒り、与野党会談を拒否して和解することができなくなり、泥仕合になるわけです。これは自民党の加藤幹事長が仕掛けた謀略でした。住専問題は加藤幹事長の疑惑でもあった。

佐高　例の共和事件で加藤が宮沢内閣の官房長官時代に疑惑を受けていた闇献金の一〇〇〇万円が再浮上したんですよね。元後援会長がその金を預かっていたけれども、「共和」が倒産して住専の不良債権になって問題化したので、東京法務局に供託していたことがわかったと毎日新聞が報じました。

平野　土井議長による調停が成功すれば、野党は加藤幹事長らの証人喚問を要求して真相を解明するまでは住専予算の審議に応じないとなりますから、与党が不利になる。加藤さんの身が危ないですわな。それよりも、野中幹事長代理が密会ビデオを使って創価学会を脅すことで新進党を切り崩した方が有利だという計算です。

そのころ、突然、梶山官房長官の根回しで橋本首相と小沢党首会談が行われるんです。小沢は「国家の大事を話した」と語ってくれました。一九九六（平成八）年の時点で、日本の金融機関の不良債権の客観的総額はわかっていなかった。大蔵省は四〇兆円と推定していましたが、アメリカの専門家は一四〇兆円とはじいていました。梶山官房長官の意見は、政治改革のときは妨害して迷惑をかけたが、住専処理のような小手先のものでなく、抜本的な経済構造改革には賛成するということのようでした。

佐高　そこで経世会が梶山と野中に割れたんですね。

日本版ペコラ委員会構想

平野　小沢が「予算の修正を契機に超党派的な経済構造改革案を考えろ」ということで出てきたのが、「日本版ペコラ委員会」というアイデアです。

昭和初期の大恐慌でアメリカはペコラ委員会を作って対処しました。それの日本版を作って、財政・税制・金融など経済全体の改革をやろうということです。この日本版ペコラ委員会については、不良債権問題を根本的に処理しなければ日本の国はおかしくなるということで、竹下、宮沢元首相が乗ったんです。衆参両院合同の委員会を作り、特殊な捜査権まで持たせて活動させます。委員長は中曽根元首相で了解を得ていました。人事まで含めた構想ができ上がっていたんです。

それで予算審議が再開しますが、住専処理の予算修正の裏交渉はさっぱり進みませんでした。自民党の窓口が野中幹事長代理で、新進党の窓口が私で、権藤さんが連絡役です。住専予算の六八五〇億円について、小沢党首は予算からの削除を要求したのに対して、竹下元首相や梶山官房長官は政治的に凍結して、国民が納得する仕組みができるまで住専予算を執行しないという意見でした。

佐高　削除論と凍結論はどう違うの？

平野　削除となれば予算書の書き換えですから、予算原案を作成した政治家の責任問題になりますが、凍結は政治的な約束ですから、約束が守られる保証はなく、しかも、国民から見えにくいものになります。

代案として私が考え出したのは、予算書の総則に条文を追加するという案です。最初、「住専予算の執行を停止する」という案でどうかと権藤さんを通じて野中幹事長代理に伝えたら、生粋の党人派で大蔵省嫌いだった野中さんが乗ってきたんです。大蔵省は予算の執行権に国会が手を入れてくることに反対だからです。自民党執行部の回答は、総則の修正は前例がないからダメだというものでした。

次は、「住専処理については与野党の合意ができるまで、予算の執行は留保する」という案です。これを了承するなら、小沢党首を説得すると伝えると、竹下元首相の返事は、「それは邪道だ。明治に議会が始まって以来、予算総則の修正はしたことがない。平野はワルだ。大蔵省は大騒ぎになる」でした。私はケツをまくったんです。「竹下さんに伝えてほしい。本気で経済構造改革をやる気があるのか。国会の一大事ということがわかっていない。私は水面下の交渉役から手を引く」と啖呵を切った。

佐高　さんざん、人をこき使っておいてね。

平野　そうそう。翌日、竹下さんから野中さんを通じて詫びが入って、ようやく予算総則の修正による事態の収拾が本格化しました。ところが、総則に追加する条文の文言をどうするかで難航するんです。小沢党首は「住専処理をはじめ金融制度の整備を行うことで合意ができるまで、住専予算の執行を留保する」で譲らず、自民党は「……合意ができれば、住専予算を執行する」で譲りませんでした。

最終的に、「六八五〇億円については、制度を整備した上で措置する」という案で決着しました。周りが知恵を出せとうるさいから、私が辞書から引っ張り出してきたんです。何となくみんな騙された。

佐高　日本版ペコラ委員会の設置も含めて与野党の合意ができたわけですね。

平野　そうです。これで国会は正常化しました。この与野党の合意で最もホッとしたのは橋本首相です。クリントン大統領来日が二日後に迫っていたからです。

佐高　衆院で予算が通過する見通しがついたわけですね。

平野　それともう一人、権藤さんも密会ビデオを表に出さず、予算を通過させることができたと喜びましたよ。

天ぷら屋美人女将事件

平野　ところが、日本版ペコラ委員会を設置する前の整地に入ろうかというときに、そこで騙されたわけです。

佐高　公明党に？

平野　間接的には公明党も入りますが、直接的には自民党がその合意を反故にしたんです。橋本首相に合意の反故をどう決断させたかというと、加藤幹事長と野中幹事長代理が天ぷら屋の美人女将の件を持ち出したわけです。

佐高　橋龍の愛人。

平野　そう。橋本首相の元秘書が、その女将のために八億円を、富士銀行赤坂支店から不正に融資させていたという事件です。加藤幹事長と野中幹事長代理が橋本首相から外されていた元秘書を取り込んで、橋本首相の弱みを握ったわけです。「小沢の言うことを聞くな、梶山のやっていることを止めろ」と二人は橋龍に迫ったんでしょう。

つまり、橋龍の愛人に対する不正融資を隠すために、日本版ペコラ委員会が実現しなかったということです。それに当然、新進党の中にいる旧公明党の連中も反対しなければいけないですよ。

佐高　旧公明党は籠絡されていた。

平野　密会ビデオが効いたわけです。日本版ペコラ委員会ができなくても、旧公明党を通じて創価学会が文句を言わないようにした。野中幹事長代理にすれば、密会ビデオは意外に公明党に効き目があるということで、その後の政局転換の切り札としてフルに活用するようになるんです。

佐高　平野さんは、後藤忠政と藤井富雄の会話を隠し撮りされた、その密会ビデオを観たことはあるんですか。

平野　私は観たことはないです。密会ビデオの中身については、魚住昭著『野中広務　差別と権力』に詳しく書かれていますね。私が知っているのは、静岡の富士宮市での墓地開発をめぐる創価学会の利権問題を後藤組がよく知っているという話と、自民党で反創価学会キャンペーンをしている亀井静香、村上正邦、野中広務、加藤紘一の名前を挙げて藤井代表が「この人たちはためにならない」というような言葉を後藤組長に言ったらしいという話です。密会ビデオはどうもあるみたいですね。

佐高　それは当然、後藤組で撮っているでしょう。それが公明党との決定的な亀裂になったということですね。それにしても、日本版ペコラ委員会を設置していれば、日本は経済的にも政治的にも変わりましたよね。

平野　本格的に日本版ペコラ委員会を実行したら、それまでの日本の経済の膿が全部出て革命的な改革になったでしょうね。ご承知のように、巨額の不良債権による金融危機の原因は日本長期信用銀行や日本債券信用銀行といった金融機関があったからです。両行は無記名の金融債を発行して資金を集める特殊な銀行でした。しかし、その実態は脱税やマネーロンダリングできるブラックボックスです。その恩恵にあずかっていたのは、経済界、政界、特に自民党の各派閥、連合などの労働組合、学校法人、そして、創価学会など裏金を持つあらゆる団体に渡っていました。それも洗いざらい調べられて、隠し資金が表に出ることになります。日本の資本主義の洗濯をやろうとするから、小沢一郎や私は嫌われるわけです。

佐高　創価学会はあまりわからないで日本版ペコラ委員会に賛成した感じですか。

平野　それもありました。それから当時、東京相和銀行に学会の隠し資金が相当貯まっているという話もありましたね。

佐高　長田庄一が銀行のオーナー。

平野　西伊豆の無人島の淡島を買ってリゾートにしようとしていましたね。

公明党・創価学会は権力にすり寄るしかない

佐高　いまの平野さんの話を聞いてわかるのは、創価学会というのは日陰の花だということです。日陰の花は日陰で咲くしかない。便所のところに咲いているドクダミみたいなものです。学会は日陰のまま咲いていればいいのに、自民党とくっついて表の権力に出て来ざるを得なかった。常に上半身と下半身の分裂がずっとつきまとうわけですよね。

平野　住専国会の時点では、それほど創価学会の問題は整理されていませんでしたね。これ以降、公明党・創価学会が格好のいい主張をすることによって、学会員や国民からの評判が良くなるということが一定の量と一定の質に達したときに、それがかえって団体としてのマイナス要件になるというようなことを学ぶんです。密会ビデオは消えませんからね。地獄の声を出している連中がいるわけだから。

佐高　自民党、創価学会のそれぞれが使い分けしているわけでしょう。ところが、日本版ペコラ委員会をやった場合には、日陰が日陰でなくなってしまう。使い分けが利かなくなるわけですよね。そのことを公明党の幹部たちはわかっているでしょう。

平野　いや、わかっていなくて。ここが糸口になるわけです。

佐高　逆に言うと、創価学会が離れられなくなるのは、自民党が隠し金を隠し金のままにしてくれるからですよね。時々、言うことを聞かないと密会ビデオで脅す。それに対して、小沢一郎という人は隠し金みたいなものはダメな方なんでしょう。

平野　ぜんぜんダメです。

佐高　つまり、公明党・創価学会は使い分けする権力にすり寄っていくしかないわけです。それがよくわかりましたよ。

平野　新興宗教団体のある種の宿命ですね。いろいろ問題があるのを浄化していき、だんだん宗教団体から文化団体に変わっていくものですが、いまだにそれがうまくいっていないんですよ。例えば、最近でも名護市の市長選挙に原田会長が応援に行ったことで、学会の中が大揉めに揉めているぐらいですから。

佐高　そのことで、二見伸明がびっくりしていましたよ。それと、急激に大きくなったから隠し金も半端じゃないんですね。隠すにはある種の適量というのがあるわけでしょう。

平野　ただ、最近は困っているんじゃないですか。学会費も人も増えないしね。

佐高　最近はそうかもしれませんが、三菱商事のルノワール事件等がありましたでしょう。

平野　その話も私が関わっていましてね。

佐高　前科十何犯になっちゃう（笑）。

平野　私が悪いことをしたわけじゃないですよ。実は、私が高知県知事選に誘われたころ、四元義隆が会いたいというのを二回断っているんです。

佐高　右翼の黒幕。三幸建設工業の田中清玄のあとを継いだ人。

平野　一回目は湾岸戦争が一段落した一九九一（平成三）年三月五日です。後藤田さんに知事選に引っ張られる前に、高知県選出の山本有二衆院議員が小沢に、平野を知事に出したいと相談したけれども、断られた。翌六日に山本が会いたいというので行くと、四元の代理の西村という人が「資金もあります。四元先生に会ってほしい」と知事選への出馬を要請してきました。四元は右翼風で一番嫌いなタイプの人間だから、私は断りました。当時、四元義隆はルノワールの件でピンハネをしているという話を聞いていたんです。その話は知らないですか。

佐高　知らない。いくら？

平野　二億円。

佐高　どういう絵なんですか。

平野　ルノワールの風呂上がりの女の絵じゃないですか。三菱商事が介在して東京・八王子にある創価学会系の東京富士美術館が買い取ったという話です。

佐高　三菱商事に多額の使途不明金のあることが発覚しましたね。

平野　そのころ、赤旗の記者から、「平野さんが高知県知事選に出馬する資金は、問題になっている三菱商事と創価学会関係がらみのルノワールの絵画売買の不明金を四元氏が持っていて、それを使うとのことだが、本当か」と取材を受けていたんです。四元の二億についてては裏社会で噂になっていたらしい。選挙で処分するのが一番いいですからね。つまり、金を出すから出馬しろということです。

二回目は総予算が衆院を通過した三月一四日です。その代理人にまた会うと、そこに運輸省の松尾官房長がいて、彼が四元と会ってくれと説得してきた。成田空港の過激派対策に四元を使っていますからね。それも私は断った。そうしたら、金丸に近い読売新聞の記者が四元と会ったときの話を私に教えてくれたんです。別件で四元に取材したらしい。何でもその代理人が親分の四元に、「平野は断ってきた。親分の言うことを聞かないような男は襲撃してやりますか」と言ったという話を聞いてきた。

佐高　懲らしめてやると。

平野　記者が「平野のことは私がよく知っている。どういうことですか」と四元に聞いたら、一連の話をしたあと、四元は「俺の言うことを聞かない人間は大したもんだ」と逆に私のことを褒めたそうです。

とにかく、四元に会ったら、その場で金を渡されるような話だったんです。

佐高　そうすると、四元は学会にも近い？

平野　そうじゃないんですか。わかりませんけどね。

神崎武法元代表のエッチ事件

平野　それから、神崎のエッチ事件についても言及しておきましょうか。

佐高　元代表の神崎武法ですか。

平野　神崎武法の女癖の悪さには辟易したんです。一九九三（平成五）年に自民党長期政権が崩壊し、非自民の細川護熙連立政権が発足しましたね。細川首相は自民党の料亭政治との決別を宣言し、「二万円以上の宴会を禁止する」とわざわざ閣議決定しました。クリーンさを打ち出したわけです。しかし、八党派による連立政権ですから、互いに気心の知れないところがあります。だから、料亭以外でお互いが打ち解けて話し合える場を探さないといけない。

佐高　向島の料亭に行ったら、一人五、六万ですからね。

平野　私が事務局時代によく行っていた向島の天ぷら屋の主人に相談したら、芸者の花代も含めて二万円でやってやると引き受けてくれた。それで、そこが細川政権を支えているワルの巣窟になるわけです。そうしたら、神崎の酒癖、女癖が悪くて、芸者のおっぱいを触ろうとするんですよ。いくら止めても、止まらない。

佐高　人格が豹変する。福田財務次官が起こしたセクハラ事件と一緒で、これは生活習慣病ですからね。

平野　私だけじゃないですよ。みんなその現場を目撃しています。女性は着物に男の手の汗がつくのをうんと嫌がるんです。

二〇〇五（平成一七）年五月二〇日午前一一時五〇分ごろ、衆院第一議員会館地下二階

のエレベーター前でばったり神崎につかまって、学会批判の執筆活動を止めよと言わんばかりのことを言われ、詰め寄られました。

これはいい機会だと思って、この圧力を受けた話を校正中だった『公明党・創価学会の真実』のあとがきに書いたんです。そうしたら、本の発売が都議選の一週間ぐらい前で、ものすごい反響が出たものだから、神崎が私を名誉毀損で刑事告発してきたんです。出版元の講談社も困ってね。講談社の顧問弁護士は亡くなってしまいましたけどね。

佐高　河上和雄。三好徹の弟。

平野　結論として、それは結局、放ったらかしになりました。私はむしろ起訴してもらいたいわけです。記者会見をして、本に書いたこと以外も全部話せますからね。

佐高　神崎は告発したままなんですか。

平野　訴えてから二年ぐらい経って、「どうも収めるらしいから、担当検事に連絡してくれ」と講談社から電話がありました。それで会ってみたら、担当検事は特捜部ですよ。検事から「あなたの本は大変勉強になりました」と言われ、収めるのに一回は当事者の話を聞かないといけないそうで、天ぷら屋の主人と女将にも話を聞いて、陳述してもらったみたいです。結果は、平野さんの言うとおりだということで、聴取は二〇分ぐらいで済んだんです。

佐高　天ぷら屋の主人も女将も特捜部へ呼ばれた。神崎は認めたんですか。

平野　それは認めない。

佐高　どうなったの？

平野　いまだに何も言ってこない。さらに一年後くらいに検察情報に強い男が調べてくれたら、「神崎の奥さんが、あれは平野さんの言うことが本当だと言い出したので、神崎が訴えを下ろせなくなった」と教えてくれました。本来なら訴えた相手のところに、何か言ってくるべきだけどね。

佐高　宙づりからうやむやになった。

平野　神崎が担当検事に言って、密かに取り下げたんじゃないの。

佐高　神崎は元検事でしょう。

平野　神崎は東大法学部卒の元検事ですが、政治家としてはぜんぜんダメですね。彼が新進党の総務会長になったとき、「一つ部屋をくれ、電話回線をつけてくれ」という。何をするかといったら、要するに、学会に報告する役です。

佐高　伝令しかできない。

平野　テレビのCMで「そうはイカンザキ」とか言っちゃってね（笑）。

佐高　どっちが「イカンザキ」だという。

自自連立は公明党を引き込むための座布団

佐高　野中が「密会ビデオ問題」をちらつかせることで、新進党は分裂し、小沢と秋谷の関係が切り崩されていきますね。その後はどうなりますか。

平野　橋本自社さ政権は、失政の連続によって、一九九八（平成一〇）年七月の参院選で惨敗するでしょう。橋本首相は引責辞任して、長銀問題など金融危機の真っ只中で、小渕恵三自民党単独政権が成立します。そのころ、小沢や私は自由党です。自民党は参議院で少数だから、他党との連携を模索するんですね。それで、一九九九（平成一一）年一月、自民党と自由党の自自連立を作ります。

佐高　官房長官の野中が「悪魔とも手を結ぶ」というセリフを吐いて、小沢と組んだんですよね。

平野　自自連立を協議するとき、私は中国からトンボ帰りしたんですよ。参院の公式訪問で北京空港に到着したら、出迎えの大使館員が「小沢党首から、直ちに電話をほしいとのことです」と伝言を受けたんです。ホテルに着いて電話すると、「自自連立で協議をすることになった。政治家やマスコミに絶対知られないように、すぐ帰国してくれ」と言う。女房が急病になったと参院の議員団に嘘をついて、翌朝に帰国しました。連立協議中は、なんか日本に密入国したような感じだったね。

佐高 かなり揉めたんですか。

平野 なかなか宏池会が乗らなかった。

自民党の交渉相手は、古賀誠、亀井静香、平沼赳夫。自由党は、藤井裕久、二階俊博、平野という三対三です。派内を収めるのに、宏池会が一番ぐずっていたんです。初回の打ち合わせのとき、古賀国対委員長が、

「昨日、宮沢宏池会長と会ったとき、平野さんの話になった。吉田茂、林譲治という土佐の人脈に育ち、前尾議長秘書をやったことでも、宏池会で活躍する人材だ。なぜ自由党の小沢さんのところにいるんだと話していたよ」

とまず先制パンチを放ってきました。

佐高 いるところが違うじゃないかと。

平野 続いて古賀はこう切り出したんです。

「協議に入る前に私の話を了承してほしい。宏池会には自自連立に反対する者が多い。説得するためにも、ポスト小渕は加藤紘一ということを理解してほしい」

平沼も亀井も、宏池会というのはそういうところだという態度で半分呆れたような顔をしていましたよ。

佐高　それを「うん」と言わなければ進まない。

平野　極秘交渉はこういう本音が出るから面白いですね。

藤井は真面目な人だから、「そんな大事な問題は、小沢党首に聞かなければ答えられない」と言うと、二階も同じことを言う。気まずくなって皆が黙っていたら、古賀が「平野さんも何か言え」と私に振ってきた。

「小沢党首は自分がポストに就くことを目標にしていない。自由党で作った『日本再興のシナリオ』を自自連立で実現したいということだ。それに加藤さんが賛同してくれるなら、異存はないはずだ」

そうであればまとめましょうと私が言ったら、古賀は「やっぱり二人とは違う」と喜ぶものだから、二人は怒るわけですよ。「小沢さんに相談しないでそんなことを言って、怒られたらどうするのか」と。結局、話し合いができる雰囲気になったということで、その場を別れたわけです。帰って、藤井と二階がご注進すると、小沢は「政治家が話をするのに、そのぐらいのことを言わないと話が進まないだろう」と言って返した。小沢の心の中にはやっぱり……。

佐高　加藤紘一がいた。

平野　そうです。小沢は宮沢政権ができたとき、「加藤の面倒を見てやってくれ」とはっきり私に言いましたからね。「俺は加藤とは子供のころからのつき合いで、加藤を総理にするために官房長官にしたんだ」とも言っていました。宏池会を誰が継ぐかという争いがあったでしょう。加藤が継ぐか、誰が継ぐかという。

佐高 そうそう。宮沢としては、河野洋平の方が近くて、加藤は遠い。ところが、大平に近いのは加藤だから。

平野 大平・加藤ラインで加藤が宏池会長になる。

佐高 小沢のプッシュで加藤は官房長官になったんですね。

平野 それで実は、自自連立協議を始めたとき、梶山から、

「野中に騙されるぞ。自自連立のねらいは公明党を引き入れることだ。自由党は緩衝役の座布団だ。やめておけ」

と言われていたんです。小沢は、

「自自公連立協議を始めるとき、野中の思惑がわかって離脱を考えたこともあった。しかし、全体の流れができていて止めようがなかった」

と言っていました。

佐高 自自公連立のときの公明党代表は神崎でしょう。

平野 そうですよ。自自公連立政権には基本理念がなかった。自民党は、自由党を利用し

て公明党を取り込んで、参議院が多数になればそれでいいということだったんです。公明党には、いきなり自民党と連立することに抵抗がありました。

幻の加藤政権

平野　自自公連立が成立すると、自民党の執行部、つまり、野中さんがもう政策協議を受け付けないので、小沢が連立を離れるかどうか、悩み出すわけです。

そのとき、平成一一年の暮れでしたが、中曽根元首相と渡邉読売新聞社社長が小沢と会って、連立政権からの離脱をやめるよう説得するんですよ。

佐高　またナベツネが登場しましたね。この会談は、なぜ。

平野　小沢自由党を引き込んで、中曽根元首相らが自民党内での実権を握ろうとするわけです。もちろん、小沢はその会談で即答しませんよ。

中曽根元首相に対する回答を正月明けにするという段階で、私は忘年会に呼ばれたんです。そこに、中曽根元首相のブレーンと自称する東急エージェンシー元会長の前野徹と、小沢と親しい清水信次ライフ社長が出席していました。

佐高　前野は悪いやつ。

平野　前野が「小沢党首をポスト小渕として総理とする構想を中曽根さんは提示してい

る」と言うんですよ。彼らは「小沢は政権をぶら下げておけば、イエスと言う」と思っていたんでしょうね。そんな雰囲気を醸し出すから、「そんな簡単にいきませんよ」とはっきり言ったら、前野が私を怒った。「わしの先祖は土佐山内家の家老だった」と。

佐高 偉そうに。

平野 「おまえらのような土着の下郎どもが関わる問題でない」とこう来た。私が一番嫌いな態度をした。

佐高 うん、そうしたら。

平野 「あんたらのような掛川者は土佐人とは言えん」と言ってやった。

佐高 カケガワモン？

平野 掛川者というのは、山内一豊と一緒に土佐に来た進駐軍のことです。

佐高 あとから来たやつら(笑)。

平野 山内一豊の城は掛川にあったんだから。

佐高 ああ、静岡の。掛川者と言われたら、前野も怒ったでしょう。

平野 うん、怒った。土佐藩の上層部は掛川者ばっかりですよ。板垣退助とか、ロクなやつがいない。私らは長宗我部より昔に土佐に流れた公家系ですから、皇室の血を持っていますので、前野の言は許せませんよ。

佐高　うん、それで。

平野　年明けの元旦に二人が小沢邸を訪れ、「平野を切れ」とか何とか言ったんでしょう。要するに、私がその話を壊したわけです。正月に小沢と会ったとき、「連立離脱しないで、騙されたふりをするというのもある」と進言したんです。人には騙されたふりしろと、よく小沢は言いましたが、自分ではなかなかできないんですよ。確かに、小沢は悩んでいましたね。最後に、「前野さんとは口論してもいいが、ライフの清水さんとは喧嘩しないように」と注意を受けました。

佐高　お世話になっている清水とはするなと。

平野　そのとき小沢は、「次は加藤紘一」ということを考えていた可能性がある。

佐高　加藤は私と同郷で選挙区ですから、やはり総理にしたかった人ですけど、人間的にはちょっと問題がありましたね。弱いんです。

平野　パワーがね。

加藤政権が幻となってから自民党が曲がっていく

佐高　私は通産次官だった佐橋滋と親しかったんです。城山三郎が書いた『官僚たちの夏』のモデルになった人です。その一番下の子分の平松守彦が通産省にいられなくなって、国土庁に出される。そのときの国土庁長官が西村英一でした。ご存知のように、田中派の大番頭です。後に平松が大分県知事になると、大分という縁もあって、平松が西村にすごくかわいがられるんですね。この西村英一には、じゃじゃ馬の田中真紀子も頭が上がらなかった。

平野　そのとおりです。

佐高　田中真紀子の後見人が平松さんだったんです。それで、平松さんと私は佐橋の縁もあって、すごく仲が良かった。

あるとき、平松さんが私に、「真紀子、どう思う？」と聞いてくるんですよ。「面白いんじゃないですか」と答えたら、筑紫哲也が大分出身で、平松親分、筑紫、真紀子、私というメンバーで時々、会食するようになったんです。そのころ、真紀子人気がものすごいときですよ。その席では、じゃじゃ馬もそれなりに大人しい。

それでいつか、田中真紀子が「酒田に行きたい」と言い出した。越山会の忘年会は新潟でやるといろいろ問題があるので、温海《あつみ》にある萬国屋という大きい旅館まで出張してやっていたらしいんです。温海というのは山形県の端にあり、新潟県に一番近いところです。「それより北はあまり行ったことないから、酒田に行きたい」と突然、言い始めたんです。

酒田には、東北公益文科大学というのがあって、私は客寄せの客員教授をやらされてい

平野　学校の成績だけでものを考えるところがありますね。
佐高　宮沢喜一と似ているけど、ちょっと違うかもしれない。
平野　同じようなものだけどね。
佐高　白川勝彦っていいたでしょう。
平野　あれは立派ですよ。
佐高　加藤がからんだスキャンダルのときに、白川が言っていましたよ。
平野　弁護士だから。
佐高　そう。弁護士だから、全部打ち明けてくれれば、何とでもやりようはあるんだと。ところが、加藤は腹の内を見せないというんですね。
平野　人を信じないわけじゃないと思いますが、一つの性格なんですな。
佐高　そう。加藤政権が幻となって、森政権ができるところで自民党が、日本の政治が曲がっていくんですね。
平野　小沢から「加藤の面倒を見ろ」と言われたとき、私は「加藤が私に耐えられたら、それはありがたいことです」と答えたんです。加藤官房長官は私のところへ電話で相談してきましたけど、私が直言すると、もう五回ぐらいで縁がなくなりました。
佐高　ダメですね。また人の縁だけど、加藤の奥さんが面白い。

平野　美人でしたよね。

佐高　美人ですよ。加藤愛子。彼女は高崎の紙問屋の娘なんです。しかも、中曽根の娘と幼なじみ。加藤愛子さんのお父さんが早くに亡くなって、加藤の結婚式に中曽根が新婦の親代わりで出ているんです。だから、当然のごとく、中曽根は加藤に、「政治家になるなら、俺のところでやれ」と言うわけです。ところが、加藤は最初から中曽根と肌が合わない。それで、大平に行くんですよね。人の縁というのはすごい。

平野　その後、小沢が突然、「あっ、わかったよ。あんたが加藤と仲が悪かったのは、あんたの親分が前尾で、加藤の親分が大平だからだな」と言うから、「加藤さんと私を比べるなんてやめてください」という会話をしたばかりですよ。

佐高　いや、すごい悪事がすべてバレましたね。なんか検事になった感じ。

平野　これで閻魔さんが許してくれるから。

佐高　許さない、許さない。

平野　尋問終わり（笑）。

おわりに

平野貞夫

「平凡社新書で尋問的対談をやりたい」と、佐高信氏から誘われて驚いた。地の果て足摺《あしずり》岬《みさき》に生まれたのが昭和一〇年。初めて知った出版社の名が平凡社であったからだ。開業医の父の本棚に平凡社の本が並んでいた。

母方の叔父・田辺清春《きよはる》が、大正時代に平凡社に勤め、「創業者の下中彌三郎さんと親交があった」という父の話を記憶している。田辺夫妻は日本共産党が結成された大正一一年頃、入党していたとも父は話していた。

戦前は野坂参三の側近で知られ、敗戦後は故郷で暮らしていた清春叔父から共産党での体験談を聞いていた。「天皇制と私有財産廃止の思想を持っていたが、平凡社にはお世話になった」と感謝していた。

時が流れ、平成が終わる時期、共産党が「違憲の安保法制を廃止させるため、野党で共闘しよう」と呼びかける時代となった。泉下《せんか》の清春叔父も歴史の弁証性に驚いているだろう。そんな時に当代トップの社会派筆舌師の尋問を受けるとは光栄である。

佐高氏との対談は平成三〇年四月一一日から始まった。自社談合時代から自民党の生理と病理を究明しているうちに、安倍政権は嘘と誤魔化しで限界がきた。野党の若手の活躍もあって倒閣寸前となる。

ところが、第一九六回通常国会の会期末、六野党派で旧民主党の幹部が「離婚後の夫婦喧嘩状況」となって、倒閣のチャンスを逃がした。稚拙な政治運営に業を煮やした私と山口紀洋弁護士は、安倍首相を「憲法秩序破壊者」として内乱予備罪で刑事告発することにした。

それを決断させたのは、安倍首相の破憲行為を的確、痛烈に批判した大島理森《ただもり》衆院議長の異例の「所感」であった。九月七日、私と山口弁護士は荒唐無稽と批判のあるなか、最高検察庁に告発状を提出した。

三日後の九月一〇日（月曜日）、佐高・平野対談の最終打合せがあった。新書の題名を『自民党という病』とする話があり、「安倍首相内乱予備罪告発」が話題となる。経過と内容を説明すると、佐高氏から「これこそ、自民党病根論の究極だ。トップの第一章とし対談の追加だ」との提案が飛び出した。

佐高氏の大英断に感謝し、同日、「第一章　安倍首相を内乱予備罪で告発する」の対談を終えた。これで一段落と思っていたところ、大変な情報に見舞われることになる。

九月二〇日の「宗教者九条の会」で、安倍告発の報告を行った翌日、主催者から重大な情報が届いた。二〇一五年七月一八日にネットTVで東大法学部教授の石川健治氏が発言したメモである。前年七月一日、九条解釈改憲が閣議決定され、一年後、違憲の安保法制が衆院で強行可決された時期で、石川教授の発言の出だしは次の通りであった。

「あの日、日本でクーデターが起きていた。そんなことを言われても、ほとんどの人が『何をバカな』と取り合わないかもしれない。しかし、残念ながら紛れもなくあれはクーデターだった。そしてそれは現在も進行中である」とし、安倍首相の憲法秩序の破壊を指摘していた。

「安倍首相告発」を相談した憲法学者は、小林節慶大名誉教授のみである。他の憲法学者は相手にしてくれないと思っていた。東大教授が安倍政治をクーデターと論じることは、私たちが論じる「内乱予備罪」と同一の発想ではないか。直ちに最近の石川教授の見解を調べてみた。

①「集団的自衛権というホトトギスの卵——『非立憲』政権によるクーデターが起きた」(『世界』二〇一五年八月号)、②「憲法インタビュー　安全保障法制の問題点を聞く」(『第一東京弁護士会会報』二〇一五年一一月号〔五一二号〕)、③特集ワイド「『クーデター』

で立憲主義破壊　憲法学者、石川健治・東大教授に聞く」(「毎日新聞」二〇一六年五月二日夕刊)、④「『安倍9条改憲』はここが危険だ」(「WEBRONZA」前編二〇一八年七月二一日)。

これだけの論調を告発状に活用できなかったのは、私どもの不勉強で、今後、この点について告発補充書を最高検に提出することにしている。

刑法については、最高権威者の前田雅英日大教授の学説を参考とした。内乱罪の「暴動」の定義を「最広義の暴行、脅迫で足りる」として告発状を作成した。憲法学と刑法学の立場からいえば、私どもの告発は現代国家の病根、「権力の犯罪」に対して、検察がどのような憲法感覚を持っているのか、日本の憲法秩序の根本を問うことだ。

なぜか、リベラル系弁護士、学者、政治家らが私どもの告発に対し「見ざる、言わざる、聞かざる」を続けている。しかし、日本の軍部独走、ドイツのナチス・クーデターの歴史教訓は「気がついた時は、もう遅い」のである。

今度は状況をみて、佐高氏に『日本という病』の題名で対談を行うことをお願いしようと思っている。

【著者】
佐高信（さたか まこと）
1945年山形県生まれ。慶応義塾大学法学部卒業。評論家。高校教師、経済誌編集長を経て執筆活動に入る。著書に『安倍政権10の大罪』『安倍晋三と岸信介と公明党の罪』『田中角栄伝説』『石原莞爾 その虚飾』『人間が幸福になれない日本の会社』、共著に『安倍「壊憲」を撃つ』など多数。

平野貞夫（ひらの さだお）
1935年高知県生まれ。法政大学大学院政治学専攻修士課程修了。60年衆議院事務局に入り、副議長秘書、議長秘書、委員部長などを務める。92年参議院議員に当選し、小沢一郎と行動を共にする。2004年議員を引退し、執筆活動に入る。「日本一新の会」代表。著書に『わが友・小沢一郎』『ロッキード事件「葬られた真実」』『わが輩は保守本流である』など多数。

平 凡 社 新 書 8 9 7

自民党という病

発行日――2018年11月15日 初版第1刷

著者――佐高信・平野貞夫

発行者――下中美都

発行所――株式会社平凡社
東京都千代田区神田神保町3-29 〒101-0051
電話 東京（03）3230-6580［編集］
東京（03）3230-6573［営業］
振替 00180-0-29639

印刷・製本―株式会社東京印書館

装幀――菊地信義

ISBN978-4-582-85897-6
NDC 分類番号310 新書判（17.2cm） 総ページ312
平凡社ホームページ http://www.heibonsha.co.jp/